십대를 위한
동아시아史
교과서

십대를 위한 동아시아史 교과서

초판 1쇄 펴냄 2013년 3월 8일
　　8쇄 펴냄 2019년 9월 6일

지은이 김무신
펴낸이 고영은 박미숙

펴낸곳 뜨인돌출판(주) | 출판등록 1994.10.11.(제406-251002011000185호)
주소 10881 경기도 파주시 회동길 337-9
홈페이지 www.ddstone.com | 블로그 blog.naver.com/ddstone1994
페이스북 www.facebook.com/ddstone1994
대표전화 02-337-5252 | 팩스 031-947-5868

ISBN 978-89-5807-419-9 14910

이 도서의 국립중앙도서관 출판예정도서목록(CIP)은 서지정보유통지원시스템 홈페이지
(http://seoji.nl.go.kr)와 국가자료종합목록 구축시스템(http://kolis-net.nl.go.kr)에서
이용하실 수 있습니다. (CIP제어번호 : CIP2013000984)

십대를 위한 동아시아史 교과서

김무신 지음

뜨인돌

한눈에 보는 동아시아史 연표

	기원전	기원후	300	500	700	900	1,000
한국	2333 고조선 건국 108 고조선 멸망 　　 한 군현 설치 57 신라 건국 37 고구려 건국 18 백제 건국		313 고구려, 낙랑군 몰아냄 427 고구려, 평양 천도	612 고구려, 살수대첩 645 고구려, 안시성에서 당군에게 승리 660 백제 멸망 668 고구려 멸망 676 신라, 삼국 통일	828 장보고 청해진 설치	900 견훤, 후백제 건국 901 궁예, 후고구려 건국 918 왕건, 고려 건국 926 발해 멸망 958 과거제 실시 993 거란의 1차 침입	
중국	1만 년 전 농경과 목축 시작 1100년경 은나라 멸망 　　 주나라 등장 551년경 공자 탄생 221 진(秦)나라 중국 통일 　　 만리장성 축조 202년경 한나라 건국 121 흉노, 한무제에 패함	220 한나라 멸망 　　 삼국시대 시작 280 진(晉)나라, 중국 통일	317 5호 16국 시대 성립 439 북위의 화북 통일 남북조 성립	589 수나라, 남북조 통일 618 당나라 건국	712 당나라, 현종 즉위 755 당나라, 안사의 난 875 당나라, 황소의 난	907 당나라 멸망 　　 5대 10국 시작 916 거란(요) 건국 936 거란, 연운 16주 점령 960 송나라 건국	
일본	3세기경 야요이 문화 시작			592 야스카 시대 시작 645 다이카 개신	710 나라 시대 시작 794 헤이안 시대 시작		

	1,000	1,200	1,400	1,600	1,800	1,900
한국	1019 귀주대첩 1033 천리장성 축조 1107 윤관, 여진 정벌 1170 무신 정변	1231 몽골의 1차 침입 1274 여원 연합군의 1차 일본 원정 1388 이성계, 위화도 회군 1392 고려 멸망, 조선 건국	1592 임진전쟁 발발	1624 이괄의 난 1636 병자호란 1696 안용복, 독도에서 일본인들을 쫓아 냄 1712 백두산 정계비 건립	1801 신유박해 1863 고종 즉위 흥선대원군 집권 1876 강화도 조약 체결 1894~5 갑오을미개혁 1897 대한제국 성립 1899 경인선 개통	1905 을사조약 1910 국권 피탈 1919 3·1 운동 1945 8·15 광복 1948 대한민국 정부 수립 1950 6·25 전쟁 1980 5·18 광주 민주화 운동
중국	1115 여진족, 금나라 건국 1125 금에게 요나라 멸망 1127 송나라 멸망 강남에 남송 건국	1206 칭기즈 칸, 몽골 통일 1234 금나라, 몽골에 멸망 1271 몽골, 국호를 원으로 변경 1279 원에 의해 남송 멸망 원의 중국 통일 1368 명나라 건국	1405 명나라, 정화의 대항해 1592 명나라, 임진전쟁 참전	1616 만주족, 후금 건국 1636 청나라, 조선 침략 1644 명나라 멸망 청나라 중국 통일 1661 청나라, 강희제 즉위 1793 영국 사절 매카트니, 건륭제 알현	1840 청나라, 아편 전쟁 1842 영국과 난징 조약 체결 영국에 홍콩 할양 1851 태평천국의 난 1860 영·프 연합군이 베이징 점령 1862 양무운동 1894 청·일 전쟁	1911 신해혁명 1926 국민당의 북벌 시작 1931 만주사변 1937 중·일 전쟁 1949 중화 인민 공화국 수립 1966 문화대혁명 1989 텐안먼 사건 1997 영국, 홍콩 반환
일본	1192 가마쿠라 막부 성립	1274 몽골의 1차 침입 1281 몽골의 2차 침입 1336 무로마치 막부 성립	1467 전국 시대 시작 1543 포르투갈이 조총 전래 1592 조선 침략	1603 에도 막부 성립	1854 미국 페리 함대에 의해 일본 개항 1868 메이지유신 1894 청·일 전쟁	1904 러·일 전쟁 일으킴 1931 만주사변 일으킴 1937 중·일 전쟁 일으킴 1945 연합국에 항복 1991 잃어버린 10년 시작

자기가 좋아하는 연예인에게 '조공'하는 팬들을 본 적이 있니? 개념 있는 연예인들은 팬들에게 역조공을 한다지. 원래 조공이란 약소국이 강대국에게 예물을 바치는 것을 말하는데 동아시아의 국제 질서를 나타내는 용어 중에 하나야. 과거의 역사가 오늘날에 의미가 조금 바뀌어서 생명력을 얻은 경우라고 볼 수 있어.

 이것은 한자의 원형이라고 하는 갑골문자야. 마치 사람이 오줌을 누고 있는 모양 같지. 여기서 오줌 뇨尿자가 만들어졌어. 고리타분하고 어렵게만 느껴지던 한자는 지금도 동아시아 문화의 공통분모로 그 생명력을 유지하고 있어. 이 글을 읽는 여러분들의 이름 석 자도 대부분 한자로 만들어졌잖아.

이렇게 역사는 현재를 살아가는 우리와 어떻게든 맞닿아 있어. 바꿔 말하면 역사는 우리의 정체성을 보여 주는 하나의 지표인 셈이야. 역사를 쾌쾌한 먼지로 가득한 지하 창고나 박제된 동물처럼 생각했을 수도 있겠지만 이제 역사에게 말을 한번 걸어 봐. 그러면 역사는 수많은 메시지를 쏟아낼 거야.

역사는 과거의 수많은 인물과 사건에 대한 판례집이기도 해. 판례집이란 재판에서 판결한 이전의 사례들을 모아 책으로 엮은 것이지. 판례집은 애매한 상황에서 판단의 근거를 제공하고 시행착오를 줄여 줘.

　오늘날 동아시아 삼국은 수많은 갈등에 직면해 있어. 지금도 중국과 일본은 센카쿠 열도(중국명 랴오위다오)를 두고 영토분쟁이 진행중이야. 우리나라는 일본과 오랫동안 독도와 위안부 문제를 두고 다투고 있지. 중국과는 동북공정이 시행된 이후부터 역사전쟁으로 불릴 만한 첨예한 갈등이 이어지고 있어. 만리장성이 고무줄도 아닌데 그 길이가 세 배로 늘어나는 해프닝까지 벌어지고 있지.

　이런 갈등으로 가득한 역사들을 보면 답답하기도 하고 앞으로의 미래가 깜깜해 보이지. 하지만 이 역사 속에 동아시아의 미래를 여는 열쇠가 있어. 역사라는 판례집은 문제해결을 위한 참고자료이면서 실마리가 될 거야. 역사가 축적될수록 판단도 정확해지겠지. 따라서 우리는 역사를 기억해야 해. 기억하는 사람이 아무도 없다면 우리는 과거와 똑같은 잘못을 되풀이할지도 몰라. 오랫동안 축적된 한·중·일의 역사를 바탕으로 서로 이해하고 배려할 때 평화로운 미래는 성큼 다가와 있을 거야.

　사실 우리가 생각하는 과거란 흑백 사진 속의 어느 한 장면일 거야.

하지만 과거의 사람들에게 당시는 흑백이 아닌 총 천연색 그 자체였어. 과거를 컬러로 느낄 수 있다면 얼마나 좋을까? 눈을 감고 머릿속으로 역사의 한 장면을 떠올려 봐. '역사 속 주인공은 어떤 감정을 느꼈을까, 무슨 생각을 하고 있었을까?' 계속 질문을 하다 보면 어느새 역사의 숨결을 가까이 느끼고 있는 자신을 발견하게 될 거야.

『십대를 위한 동아시아史 교과서』는 각 주제가 꼬리에 꼬리를 무는 방식으로 전개돼 역사를 재미있게 볼 수 있게 해 줘. 동아시아의 여러 나라를 종횡무진 오가며 현미경처럼 역사를 자세히 들여다보기도 하고 때로는 인공위성처럼 멀리 떨어져 큰 그림을 보다 보면 동아시아사를 공부하는 참맛을 느끼게 될 거야.

마지막으로 역사의 한 귀퉁이를 파헤치기 위해 이 책을 집어 든 여러분의 열정에 큰 박수를 보낼게. 자, 그럼 우리 부푼 꿈을 안고 이야기보따리를 풀어 볼까?

2013년 3월
김무신

차 례

십대를 위한
동아시아史
교과서

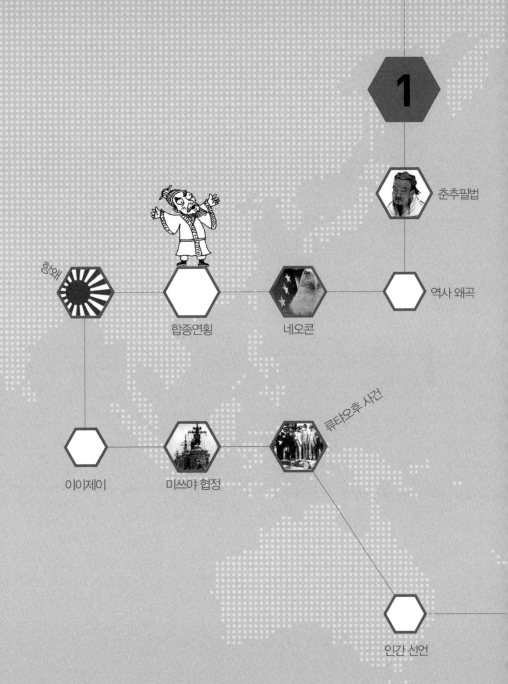

1

춘추필법

역사 왜곡

힘왜

합종연횡

네오콘

류타오후 사건

이이제이

미쓰야 협정

인간 선언

춘추필법春秋筆法
모든 역사가들이 갈고 닦아야 할 필살기

춘추필법은 역사를 기록하는 방식이야. 공자가 쓴 노魯나라의 역사책 『춘추春秋』에서 유래한 말이지. 춘추는 글자 그대로 봄春과 가을秋을 뜻해서 '세월'을 비유하는 말이자 춘분과 추분의 합성어이기도 해. 춘분과 추분은 낮과 밤의 길이가 같아지는 절기잖아. 『춘추』의 문장은 낮과 밤의 길이가 어느 한쪽으로 치우치지 않는 춘분과 추분처럼 역사를 균형 잡힌 시각으로 기록했다고 볼 수 있어. 즉 객관적인 사실을 바탕으로 해서, 비판적인 태도로 역사를 서술하는 방식을 춘추필법이라고 해. 다른 말로 춘추직필春秋直筆이라고도 하지.

그러면 공자는 어떤 의도와 생각으로 『춘추』를 집필했을까?

공자는 진秦나라가 중국을 통일하기 전, 춘추전국시대 말기에 태어났어. 봉건제도가 무너지고 왕권이 약화되면서 나라 전체가 총체적인 위기로 몸살을 앓던 때였지. 한마디로 지방의 제후들이 왕실을 위협하는 하극상의 시대였어. 신하가 임금을 내려앉히고 새로운 임금을 세우는 일이 수시로 일어난 거지.

공자가 살았던 노나라에서도 제후가 왕을 자처했어. 노나라의 관리였던 공자는 하극상을 비롯한 일련의 현상에 대해 문제의식이 있었지만, 자신의 힘으로는 현실을 바꿀 수 없다고 판단했어. 그래서 관직을 버리고 후세를 양성하면서 많은 책을 집필했지. 그 가운데 하나가 바로 『춘추』야. 이 책의 제목에서 '춘추시대'라는 용어도 만들어졌지.

공자가 당시의 하극상에 대해 어떻게 기록했는지 살펴볼까? 『춘추』에는 "제齊나라 대부, 진항이 서주에서 간공을 붙잡아 시해했다"는 기사가 나와. 쉽게 말해 신하(진항)가 왕(간공)을 죽였다는 말이야. 이 소식을 들은 공자는 3일간 금식하고 노나라 애공을 찾아가 진항을

13

『춘추』의 중심 사상은 사람들이 자신의 이름(名)과 자리에 걸맞게(正) 행동한다면 평화로운 세상이 될 거라고 믿는 정명(正名). 공자는 사회가 정명 사상에 따라 유지될 때 혼란이 없고, 나라의 기강이 바로 설 수 있다고 봄.

토벌할 것을 요청했다고 하지.『춘추』의 해설서인『춘추좌전』에는 공자가 3일간 금식한 것 말고도 제나라 토벌을 세 번이나 요청했다고 나와. 공자가 하극상을 대하는 심경이 어떠했는지 잘 말해 주는 대목이지. 사실 토벌討伐이란 말도 그냥 쓴 게 아니야. 옳은 자가 옳지 못한 자를 응징할 때 사용하는 말이거든. 단어 하나에도 뜻을 분명하게 밝힌 거지.

『춘추』는 하극상을 일삼던 제후들에게 일침을 가하면서 왕권 안정의 사상적 기반을 제공했어. 왕다운 왕을 만드는 교재로도 널리 활용됐지.

후대의 역사가들은『춘추』의 정신을 춘추필법으로 이어받아 엄정한 역사 연구에 전념할 수 있었어. 공자는 관리로서는 현실을 바꾸지 못했어도, 역사가로서 큰 영향을 끼친 거지.

춘추필법은 우리나라에도 영향을 끼쳤어. 조선시대 수양대군은 조카 단종을 죽이고 왕위를 빼앗았어. 조선의 7대 임금 세조가 바로 수양대군이야. 김종직은 이러한 세조의 왕위 찬탈을 비판한 '조의제문'이라는 글을 남겼어. 김종직의 제자이자 사관이었던 김일손은 '조의제문'을 실록에 실으려고 했다가 사형을 당했어. 역사적 사실을 있는 그대로 기록하는 춘추필법을 따른다는 것은 이렇게 시대에 따라서는 목숨을 걸어야 할 만큼 위험천만한 일이기도 했어.

'조의제문' 弔義帝文
'의제를 애도하며 지은 글'. 의제는 진나라 말기에 초나라의 부흥을 꾀한 왕이었으나 신하인 항우의 손에 죽임을 당함. 조의제문은 단종을 의제에, 세조를 항우에 빗대어 조카인 단종을 죽이고 왕위를 빼앗은 수양대군을 은근히 비판함.

하지만 역사는 사실을 그대로 기록해야만 해. 지도자가 독재를 했으면 독재를 했다고 쓰고, 민주주의를 추구했으면 또 그렇게 쓰는 거지. 그런데 오늘날 동아시아의 여러 나라에서는 역사 왜곡이 빈번히 일어나고 있어. 국가가 앞장서서 역사를 거짓으로 꾸미는 황당한 프로젝트를 진행하

『연산군 일기』. 밝게 표시된 부분이 김종직의 '조의제문'. 김종직이 26세 때 쓴 이 짧은 글은 41년 뒤 조선 최초의 사화인 무오사화의 도화선이 되었다.

기도 하지.

공자가 부활해 오늘날 자행되고 있는 '역사 왜곡'의 현장을 본다면 뭐라고 할까? 거짓을 사실처럼, 사실을 거짓처럼 기록하는 역사가에게 춘추필법을 강추하지 않을까? 또한 권력에 아부하지 말고 직필할 것을 따끔하게 충고하지 않을까?

역사 왜곡 歷史 歪曲
역사는 왜곡해도 진실은 왜곡할 수 없다

역사 왜곡이란 역사를 사실과 다르게 쓰거나, 미화하거나, 삭제하는 경우를 말해. 그리스의 역사가 헤로도토스는 역사란 '진실을 찾아가는 길' 이라고 했어. 그만큼 역사는 거짓이 없어야 하는데, 사실 왜곡 없는 역사를 찾기는 쉽지 않아.

중국은 2002년부터 동북공정東北工程을 시작했어. 동북공정은 '동북 변경 지역의 역사에 관한 체계적인 연구'를 줄인 말이야. 중국은 현재 중국 영토 안에서 일어난 모든 역사는 중국의 역사라는 논리를 내세우고 있어. 현재를 기준으로 과거를 모두 흡수하겠다는 의도인 거지. 그래서 중국 동북지역의 3성인 헤이룽장黑龍江흑룡강 성, 지린吉林길림 성, 랴오닝遼寧요령 성을 무대로 했던 우리나라 역사가 중국의 역사로 둔갑하고 있어. 고구려와 발해를 당나라의 지방정부였다고 주장하는 거야. 이렇게 되면 고구려가 수나라에 맞서 싸운 살수대첩이나 당나라에 맞서 싸운 안시성 싸움은 중국 내부의 분쟁으로 해석될 수밖에 없어. 한족漢族 왕조를 무너뜨린 거란족이나 여진족, 몽골족, 만주족의 역사도 모두 중국의 역사가 되는 거고.

중국의 이런 역사 소설 쓰기는 만리장성에서도 나타나. 만리장성의 총 길이는 오랫동안 6,352킬로미터였어. 그런데 2012년 6월, 중국은 만리장성의 총 길이를 21,196킬로미터라고 공식 발표했어. 갑자기 성의 길이가 세 배 이상 늘어나는 건 억지라고 볼 수밖에 없어. 도대체 어떻게 된 일일까?

중국은 기존의 만리장성에 현재 중국 영토 내에 있는 주변 민족들이 쌓았던 장성들을 모두 포함해 역대장성歷代長城이란 말을 만들어 냈어. 문제는 그들이 새로이 주장하는 만리장성이 옛 고구려와 발해의 영토까지 연결되어 있어서, 고구려가 쌓은 천리장성도 만리장성에 포함된다는 거야. 당나라의 침략을 막으려고 쌓은 천리장성이 중국을 지키는 만리장성의 일부로 둔갑하는 어이없는 결과를 낳게 되는 거지.

남의 나라 역사를 도둑질하던 중국은 2004년, 더 이상 동북공정을 추진하지 않겠다고 우리나라와 구두로 합의했어. 하지만 얼마 지나지 않아 '역대장성'이 출현한 걸 보면 여전히 동북공정은 현재진행형이라고 볼 수 있지. 위대한 건축물 만리장성이 '나'와 '남'을 가르는 선이자 자의적으로 역사를 재단하는 건축물의 상징으로 변질된 셈이야.

중국이 한반도 북쪽의 역사를 자신들의 역사에 포함시키려 했다면, 한반도 남쪽의 역사는 일본이 임나일본부설任那日本府說을 내세워 왜곡하고 있어.

임나일본부설은 4세기 후반에 일본의 야마토 정권이 백제와 신라, 가야까지 지배했다는 주장을 말해. 임나는 가야를 말하는데, 일본이 가야에 일본부라는 통치 기관을 두고 6세기 중엽까지 식민 지배를 했다는 거야.

임나일본부설과 관련해 주목받는 유물이 있는데, 일곱 개의 가지가 있다고 해서 칠지도七支刀라고 부르는 칼이야. 칠지도 뒷면에는 "백제 왕세자 기생성음이 왜왕 지를 위해 만들었으니 후세에 전하여 보이라"는 글이 새겨 있어. 그런데 이것을 놓고 우리나라와 일본의 해석이 엇갈려.

일단 우리나라는 이 칠지도를 왕세자가 왕에게 준 것이라고 보고, 두 나라는 대등한 관계가 아니었다고 해석해. 즉 일본보다 위에 있던 백제가 신하 나라인 일본에 하사下賜했다는 거지.

반면에 일본은 백제가 일본 왕에게 충성의 의미로 칠지도를 바쳤다고 주장해. 이것은 곧 백제가 일본의 지배를 받았다는 증거라는 거지. 그런데 이렇게 의미를 푼다면 '후세에 전하여 보이라'는 구절에 대한 설명이 어려워져. 일본의 주장대로라면 이 말이 아랫사람이 윗사람에게 하는 말이 되는데, 그러기에는 무리가 있어 보여.

일본에서 가장 인기 있는 소설가 시바 료타로가 일본의 뿌리를 찾기 위해 가야 유적지를 찾은 적이 있어. 그는 일본인이 가야를 왕래하면서 정착하기도 하고, 가야 사람들도 일본으로 건너가 농사를 지으면서 활발히 교류했을 거라고 봤어. 이것은 한쪽이 다른 한쪽을 지배하는 형태가 아니라, 각자의 필요에 따라 터전을 삼았다는 말이야. 그는 일본에 건너온 이들이 일본인의 뿌리 중 하나가 되었다고 봤어. 그의 말대로라면 식민지 형태에나 있을 수 있는 임나일본부란 존재할 수 없지.

일곱 개의 가지를 형상화한 칠지도.

당나라에는 '신라방'이라는 신라인의 집단 거주지역이 있었어. 가야와 일본 사이에도 이와 비슷한 성격의 기관이 있었을 수는 있지만, 그것이 임나일본부는 될 수 없어. 왜냐하면 '일본'이라는 국호는 7세기 말에 만들어졌거든. 임나일본부는 6세기까지 존재했으니 말이 안 되는 거지. 그러니 일본이 한반도 남부를 다스렸다는 건 억측이야.

일본의 역사 왜곡은 이뿐만이 아니야. 일본군 위안부를 부정하고 독도를 자신의 영토라고 우기지. 이러한 역사 왜곡의 중심에는 '네오콘'이라는 극우 성향의 정치인들이 있어. 과연 이들의 정체는 무엇일까?

네오콘 NEOCON

세계지도에 'o'와 'x'를 표시하는 정치 집단으로 결론은 언제나 전쟁

네오콘이란 네오neo: 새로운와 콘서버티브conservative: 보수주의가 합쳐진 말로 '신新보수주의'를 뜻해. 전통 보수주의와 다른 새로운 보수주의란 말로 특히 미국의 외교 분야에서 자주 등장하고 있지.

신보수주의는 전통 보수주의와 어떻게 다를까? 사실 이 둘의 차이점은 의외로 간단해. 전통 보수주의는 미국에 직접적인 피해가 없는 한 국제 문제에 간섭하지 않겠다는 입장이야. 이를 고립주의孤立主義라고도 하는데, 이때 '고립'이란 다른 나라의 문제에 미국이 간섭하지 않겠다는 의미를 담고 있어. 미국이 자발적으로 선택한 고립인 거지.

반면, 신보수주의는 직접적인 위협은 물론이고, 전 세계에서 발생하는 모든 국제 문제에 미국이 적극적으로 개입하자고 주장해. 잠재적인 위협 요소와 상대까지 찾아내, 문제를 일으키기 전에 꼼짝 못하도록 만들자는 거지. 신보수주의자들은 미국의 가치에 대항하는 세력을 '악의 축' 따위로 규정하고 선제공격까지 불사해. 이렇게 하려면 군사력이 막강해야 하기 때문에 국방 예산과 지출이 엄청나게 늘 수밖에 없지. 신보수주의자들이 일으키는 이러한 전쟁은 자원을 노린 전쟁이라는 비난을 받기도 해.

그런데 1990년대부터 일본에도 네오콘과 비슷한 성격의 정치 세력이 등장했어. 이 세력은 전쟁을 경험하지 않은 세대로, 제2차 세계대전 이전의 '강한 일본'을 지향하고 있어. 일본의 네오콘은 일본 경제의 장기적인 불황과 국운의 쇠락을 배경으로 탄생했어. 일본이 경제적으로 어려워지

자 과거의 '잘나가던' 일본을 그리워하게 된 거야. 청일전쟁과 러일전쟁에서 중국과 러시아를 무찌르고 제국주의 국가로 우뚝 선 일본, 특히 제1차 세계대전에서 승전해 당시 영국, 미국과 어깨를 나란히 할 만큼 성장했던 그 일본을 돌아본 거지. 그 이후로 전쟁을 통해 엄청난 국부를 창출해 경제 대국의 기반을 닦았으니 그 시절이 그리웠던 거야.

일본 네오콘은 과거 침략 전쟁을 일으킨 사람들과 긴밀하게 연결되어 있어서 국제사회는 군국주의軍國主義 일본이 부활하는 것은 아닌지 우려하고 있어. 현재 일본은 자위대自衛隊의 몸집을 키우고 국방력을 강화하고 있어. 일본은 제2차 세계대전에서 패전한 이후에 군대를 보유할 수 없었어. 하지만 6·25전쟁이 발발하자 공산주의 세력의 확산을 막는다는 명분 아래 현재의 자위대를 만들었어. 스스로를 지킨다는 의미의 자위대는 해외 파병까지 하며 명실상부한 일본의 군대로 발전했지. 이것을 가능케 한 배경에는 역시 일본 네오콘이 있어.

자위대가 평화유지군으로 가장 최근에 파병된 곳은 남수단이야. 370명의 부대원이 기반시설 구축을 위해 파병되었지. 2010년 아이티 대지진 때는 1,090명이라는 대규모 병력이 지진 피해 복구를 위해 파병되었어. 해외 파병대는 적의 직접적인 공격을 받을 때만 무기를 사용할 수 있지만 최근 들어 무기 사용 범위를 확대하려는 움직임이 활발해지고 있어. 무기를 사용할 수 있게 되면 평화유지군의 활동 범위도 넓어져 해외 참전도 가능해지는 법이지. 이는 일본이 국제 문제에 적극적으로 개입하겠다는 의지 표명이라고 볼 수 있어. 이렇게 다시 힘의 논리가 일본 정계에 똬리를 틀고 있는 거야.

일본 지폐 중 가장 고액인 1만 엔짜리 지폐에는 후쿠자와 유키치의

| 후쿠자와 유키치의 초상화가 그려져 있는 1만 엔 권 지폐.

초상화가 그려져 있어. 일본 국민들은 그를, 일본을 근대 국가의 대열에 올려놓은 위대한 사상가로 높이 평가하면서 정신적 지도자이자 스승으로 기리고 있어. 후쿠자와 유키치의 사상에서 특히 주목받는 부분은 '강자의 말이 곧 법'이라는 힘의 논리야. 그는 주변 약소국들을 깎아내리는 언론 플레이를 했어. 중국인을 '떼놈'이라고 비하하는가 하면 조선을 '나라 같지도 않다'며 무시했지. 그러면서 강대국 일본이 약소국들을 지배하는 것이 힘의 논리, 곧 약육강식의 논리를 따르는 자연스러운 것이라고 주장했어. 이런 사상은 점차 일본 사람들의 생각을 지배하기 시작했어. 마침내 조선 정벌을 주장하는 정한론이 제기되었고, 조선을 자신들의 식민지로 삼았지. 그러나 힘의 논리를 부르짖으면서 침략 전쟁의 구렁텅이로 빠져든 일본은 결국 원자 폭탄의 공격을 받고 제2차 세계대전의 패전국이 되었어.

그런데도 일본 사람들이 후쿠자와 유키치를 존경한다니, 이 사실을 어떻게 받아들여야 할까? 오늘날까지도 그가 주장한 힘의 논리가 일본 사

정한론 征韓論
1870년대를 전후하여 일본 정계에서 강력하게 대두된 조선에 대한 공략론.

회에서 여전히 세력을 유지하고 있다는 뜻이 아닐까? '강한 일본'의 재건을 꿈꾸며 권력의 중심에 등장한 네오콘이 그러한 해석에 신빙성을 더한다고 할 수 있지. 일본 내각은 점점 강력해지는 네오콘을 중심으로 '합종연횡'을 거듭하고 있어.

▌합종연횡 合從連衡
▌가로가 세로를 이기다

합종연횡은 종從:세로으로 늘어선 나라들이 힘을 합치기도 하고 횡橫:가로으로 늘어선 나라들이 연대하기도 한다는 뜻으로, 중국 전국시대戰國時代의 외교 전술에서 유래했어.

중국 전국시대에는 제후국의 왕들이 서로 황제가 되려고 전쟁을 빈번하게 일으켰어. 철제 무기가 보급되던 시절이라 전쟁은 수많은 사상자를 낳았어. 그래서 '하룻밤을 자고 나면 나라 하나가 없어진다'라는 말까지 나왔지. 당시 가장 강했던 나라들을 전국칠웅戰國七雄이라고 불렀는데, 그 가운데에도 단연 진秦나라가 돋보였어. 합종은 남북 방향으로 전국칠웅 중 6국(연, 조, 위, 한, 제, 초)이 연합하며 진에 대항하자는 것이고, 연횡은 동서 방향으로 그 6국 가운데 어느 한 나라와 진이 연합하여 다른 나라를 공격하자는 정책이지.

중국의 서부에 위치한 진나라의 군사력은 나머지 여섯 나라를 압도할 정도로 막강했어. 진나라가 두각을 나타내자 불안해진 나머지 여섯 나라는 동맹을 맺어. 이것이 바로 합종책이야. 오늘날로 말하면 외교 전문

가라고 할 수 있는 유세가遊說家 소진이라는 인물의 노력으로 성사된 일

종의 외교 정책이지. 그는 북방의 연燕나라를 시작으로 해서 여섯 나라

의 왕을 거침없는 말솜씨로 설득해 합종을 성사시켰어. 결국 소진은 여

섯 나라를 총괄하는 재상으로 활약하지.

소진이 여섯 왕들을 만나 합종책을 한창 유세할 무렵,

연횡책이 고개를 들기 시작했어. 연횡책은 소진과 동문수

학한 위魏나라의 장의라는 인물이 제안한 것으로 후에 진

나라가 받아들였어. 소진과 장의, 이 둘은 그

야말로 숙명의 라이벌이자 종횡가의 쌍두

마차였어. 종횡가는 합종과 연횡의 필요

를 주장하던 사람들의 학파를 말해.

당시 유세가는 국경을 자유롭게 넘나

들 수 있었기 때문에 각국의 강점과 약

점을 누구보다도 정확하게

파악하고 있었어. 이 때문

에 전국시대의 왕들

은 유세가를 자신

의 식객으로 삼으려

했지. 연횡을 주장한 장

의는 초楚나라 재상

의 식객이었어.

장의는 진나라 왕

에게도 능력을 인정받아

식객食客
학식이 뛰어나거나 특별한 재주
를 가진 사람들로, 제후나 대학자
들의 문하에서 두뇌집단으로 활
약하면서 정치적인 힘을 실어 줌.

어~

합종

연횡

장의

진나라에
붙는 게 좋을걸!

진나라 밑에서
소꼬리가 되기보다는
차라리 닭 머리가 돼라!

소진

진

재상의 자리까지 올라갔어. 때마침 소진이 죽자 장의는 합종책을 깨기 위한 연횡책을 펼치기 시작했어. 장의는 여섯 나라를 돌아다니며 진나라를 섬겨야 한다고 설득했어. 그리고 진나라는 여섯 나라와 각각 횡적으로 동맹하는 데 성공하지. 결국 소진의 합종이 장의의 연횡책에 흔들리다가 깨졌고, 진나라는 전국을 통일한 최초의 제국이 되었어.

정당들이 선거를 앞두고 통합을 하거나 정당에서 탈당한 국회의원들이 새로운 정당을 만들었다며 합종연횡 어쩌고 하는 뉴스들을 봤을 거야. 약자끼리 힘을 합해 강자에 맞서다가도 그것을 깨고 다시 강자와 손을 잡아 안정을 꾀하는 것이 합종연횡을 연상시키는 거지. 이합집산離合集散 : 헤어졌다 만나고 모였다가 흩어짐도 합종연횡과 비슷한 말로 사용되고 있어.

일본의 전국시대에도 중국처럼 합종연횡이 난무했지. 일본의 전국을 통일한 도요토미 히데요시는 임진왜란을 일으켜 내부의 혼란을 외부로 돌리려 했어. 그런데 이 임진왜란 중에 조선에 투항한 일본군들이 적지 않았어. 이들을 '항왜'라고 불렀는데, 해가 거듭될수록 이들의 숫자는 늘어났어.

▌항왜 降倭
일본군과 싸운 일본군

항왜는 임진왜란('조일전쟁'이 적절한 용어이나 아직까지 일반적으로 통용되는 임진왜란을 사용) 당시 항복해서 넘어온 일본군(왜군)을 가리키는 말이야. 전쟁 포로와는 다른 개념으로 조선군과 함께 적극적으로 일본군에 맞서 싸운 사람들이지. 반대로 조선인이면서 일본에 투항한 자들은 '순왜'라고 해.

조선은 전쟁 초기에는 포로가 투항을 해도 살려 두지 않았어. 일본군의 투항 자체를 믿지 않았던 거지. 실제로 『선조실록』에는 일본을 "불공대천의 원수"라고까지 기록했어. 이는 일본과는 결코 '한 하늘 아래에서 같이 살 수 없다'는 강력한 의지의 표현으로, 두 국가 간의 감정의 골이 얼마나 깊었는지 짐작할 수 있는 대목이기도 해. 또 포로들을 살려 두었다가 혹시라도 이들이 도주할 경우 군사 정보를 비롯해 나라의 기밀이 유출되는 것을 염려했기 때문에 투항자들까지도 무조건 죽였어.

하지만 전쟁에서 주도권을 잡은 1594년부터 조선은 포로 정책을 회유 정책으로 바꾸는데, 『선조실록』 기사에는 이렇게 나와 있어.

"중국은 사로잡은 왜적을 죽이지 않는데 우리는 문득 죽여 투항하는 길을 끊어 버리니, 너그러운 마음이 좁아져 일본의 기술을 전수받을 수 없다."

여기서 기술이란 조총과 화약을 만드는 방법을 말해. 임진왜란 초기에 조선이 힘없이 무너진 건 철포鐵砲라고 불리던 조총鳥銃 때문이었어. 조총은 새도 쏘아 맞힐 수 있을 만큼 좋은 총이라는 뜻이야. 한양이 보름 만에 함락될 정도로 조총의 위력은 대단했지.

포로에 대해 회유 정책을 시작한 조선은 항왜, 즉 투항한 포로들로부터 적진의 군사 정보를 얻는가 하면 적장 살해 계획까지 모의했어. 전투에 직접 참가해 공을 세운 항왜는 정3품 벼슬인 첨지 자리에 오르기도 했지. 특별한 기술이나 재주가 없는 항왜는 전쟁이 끝난 후 전국 각지에 배치해 농사를 짓게 했어. 이렇게 조선에 투항한 일본군들은 군인, 무기 제조, 농사 등 여러 분야에 종사하며 조선의 구성원으로 정착해 나갔어. 임진왜란 동안 항왜는 1만 명이 넘었어.

항왜의 대표적인 인물은 『조선왕조실록』에 등장하는 김충선이야. 김충선의 본래 이름은 사야카. 그는 일본 최고의 무사로 손꼽히는 가토 기요마사 군대의 선봉에서 활약하다가 1592년 4월, 일본이 조선을 침략하자마자 부하들을 이끌고 조선에 투항했어. 그는 조선의 문물과 풍속을 흠모해 도저히 공격할 수 없었다고 해. 목숨의 위협을 느끼거나 전쟁에 억지로 끌려나와 전투 의사가 없어서 투항하는 이들은 많았지만, 조선의 문물을 흠모한다는 이유로 투항한 일본 장수는 처음이었어. 그는 부하들에게 조선에서 약탈을 금지하는 명령을 내리고, 조선 백성들에게 침략의 뜻이 전혀 없음을 알리는 글을 써서 붙이기도 했지.

사야카는 일본에서 최강의 철포 부대를 이끌고 있었어. 워낙 철포를 잘 다루고 사격술이 뛰어나서 도요토미 히데요시도 탐내는 집단이었지. 하지만 사야카는 도요토미 히데요시의 편에 서지 않았어. 결국 사야카가 다스리던 일대가 초토화되는 비극이 일어나. 어쩔 수 없이 사야카의 철포 부대는 조선 침략에 나서게 되고, 게다가 선봉에 서게 되었지. 어쩌면 도요토미 히데요시의 미움을 사 희생물로 배치된 거라고도 볼 수 있어. 이런 전후 상황을 살펴보면 사야카의 투항이 어느 정도 납득이 될 거야.

투항한 사야카는 조선의 장수가 되어 일본군과 맞서 싸웠어. 사야카는 조총 제작 기술과 사격술을 조선에 전수했지. 그 덕분에 조선은 새로운 전법으로 일본군에 대항할 수 있었어. 사야카는 수많은 전투에서 공을 세웠어. 권율 장군의 청으로 선조는 사야카에게 김씨 성을 내려 주었고 일본인 사야카는 조선인 김충선으로 다시 태어났지. 그는 선조, 광해군, 인조에 이르는 세 명의 임금을 섬기면서 병자호란과 이괄의 난에서 크게 활약했어. 그 결과 조선의 충신으로 『조선왕조실록』에도 이름이 올랐어.

요즘 일본에서는 김충선을 '반전 평화주의자'로 재평가하려는 움직임이 있다고 해. 하지만 여전히 그를 매국노 혹은 변절자로 여기는 시선이 더 큰 게 사실이야. 그래서인지 일본에서는 사야카에 대한 기록을 거의 찾아볼 수 없어.

일본과 조선이 맞붙었던 울산성 전투 장면. 김충선이 조선 편에서 싸운 대표적인 전투라고 알려져 있다.

조선을 도와 일본에 대항했던 명나라는 항왜를 적극적으로 활용했어. 조선이 처음부터 항왜를 가차 없이 죽였다면 명나라는 이들을 전선에 배치해 피해를 최소화하려고 했지. 명나라 장수들이 보기에 항왜는 이용 가치가 높은 오랑캐였던 거야. 이는 중국이 예부터 외교 방식으로 '이이제이'를 구사한 영향이라고 볼 수 있어.

이이제이 以夷制夷
적의 적은 내 친구

'적의 적은 동지다'라는 말을 들어 본 적 있니? 내가 적이라고 판단한 상대의 적은 내 편이 될 수도 있다는 의미지. 더 나아가 적의 적을 잘 이용하면 손 하나 까딱하지 않고 적을 이길 수 있다는 의미로 확장할 수도 있고.

중국 역사서 『후한서後漢書』에는 "이민족으로 이민족을 치는 것이 국가의 이익이다"라고 노골적으로 기록하고 있어. 또 강족과 호족이 서로 공격하게 하는 것이 자신들에게 이익이 된다는 내용도 찾을 수 있지. 이이제이는 이러한 중국의 전통적인 외교 방식 중의 하나야. 뜻풀이를 하자면 '오랑캐로 오랑캐를 무찌른다', '오랑캐끼리 갈등 유발하기' 정도가 되겠지.

그렇다면 오랑캐란 어떤 사람들을 가리키는 걸까? 흔히 주변국을 자신들의 문명보다 질이 낮은 민족으로 낮추거나 얕잡아 부를 때 '오랑캐'라고 해. 중국은 우리나라를 동이東夷:동쪽의 오랑캐라고 부르며 오랑캐로 여겼어.

오랑캐란 말은 속어이기 때문에 이민족異民族이란 순화된 표현을 쓰는 게 좋아. 〈개그콘서트〉의 인기 코너 '감수성'에 오랑캐가 등장했었지? 정돈되지 않은 머리카락과 붉으락푸르락한 표정, 무식한 행동 탓에 뭔가 모자란 사람처럼 보였어. 물론 웃음을 유발하기 위해 만든 캐릭터긴 하지만, 이민족에 대한 잘못된 인식을 낳을 수 있다는 것을 간과해서는 안 돼.

우리나라 역사에서도 이이제이 전략을 구사하려고 한 적이 있어. 흥선대원군이 집권하던 시기였는데, 당시 동아시아는 서양 열강의 침략이 한창이었어. 중국은 아편전쟁으로, 일본은 페리 제독에 의해 각각 문호를 개방한 상태였지. 당시 조선은 청나라로부터 연해주를 획득한 러시아와 두만강을 사이에 두고 맞닿아 있었어. 후발 제국주의 국가였던 러시아는 해외 진출에 열을 올렸지. 러시아 백인종이 아시아의 황인종을 전멸시키려한다는 소문이 전국에 파다할 정도로. 부동항을 확보하려던 러시아가 조선에 꾸준히 통상을 요구하면서 위기감은 더욱 고조되었지.

이때 승지承旨:왕의 명령을 관청에 전달하는 일을 맡은 자였던 남종우는 흥선대원군에게 프랑스 세력을 끌어들이자고 건의했어. 프랑스는 크림 전쟁에서 이미 러시아를 누른 전례가 있었어. 백의의 천사 나이팅게일이 활약한 바로 그 전쟁이지. 남종우는 당시 조선에서 활발하게 포교 활동을 벌이고 있던 프랑스 선교사들을 다리로 삼아 프랑스의 도움을 받고자 했어. 한마디로 러시아의 적 프랑스를 이용해 러시아의 남하를 견제하자는 이이제이 전략을 내놓은 거지. 흥선대원군은 남종우의 제안을 긍정적으로 검토했지만 천주교를 완강히 거부하던 유학자들의 반발에 부딪혀 실행에 옮기지는 못했어.

일제강점기에 조선총독부가 중국 군벌과 맺은 '미쓰야 협정'도 이이제이의 한 예라고 볼 수 있어.

미쓰야 협정
일본과 중국의 비열한 부당거래

1910년 한일 강제 병합으로 주권을 잃은 우리나라는 일본의 식민지로 전락했어. 많은 사람들이 일본의 착취와 강압적인 통치를 피해 만주로 이주했지. 국내에서 활동하기 어려워진 독립운동가들도 만주를 독립운동 기지로 삼았어. 만주는 국내로 진입하기 편리하다는 지리적 이점이 있고 일본의 간섭을 비교적 적게 받는 곳이었거든. 광복을 맞이할 무렵에는 200만 명에 가까운 한인들이 만주에 살고 있었어.

만주에서 한인들이 벌인 무장 투쟁은 일본에게 큰 골칫거리였지. 일본은 만주에서 활동하고 있던 중국의 군벌 세력을 이용해 독립운동가들의 활동을 탄압하려고 했어. 그 일환으로 1925년 조선총독부 경무국장 미쓰야와 중국 만주 군벌 장쭤린張作霖장작림은 미쓰야 협정을 맺어. 만주 군벌이 조선의 독립운동가들을 체포해 조선총독부에 넘기면 그 대가로 자금과 무기를 제공하겠다는 내용이었어. 그야말로 조선총독부와 만주 군벌의 이해가 딱 맞아떨어진 거야.

미쓰야 협정은 일본의 의도대로 만주의 많은 한인들을 공포와 죽음으로 몰고 갔어. 만주 군벌은 죄 없는 한인들까지 잡아들였고, 무고한 사람들에게 독립운동의 혐의를 씌우는 일도 빈번했지. 이런 무분별한 단속 때문에 만주에서의 독립운동은 크게 위축됐어. 독립운동가들은 일본뿐만 아니라 만주 군벌에도 맞서야 했으니까. 당시 국내에서는 한인들이 겪는 비참한 현실이 알려지면서 화교를 배척하는 운동이 일어나기도 했어.

화교華僑
외국에 거주하는 중국인. "바닷물 닿는 곳에 화교가 있다" 같은 표현에서 중국인이 해외에 폭넓게 분포하고 있음을 알 수 있음.

그런데 미쓰야 협정의 중국 당사자였던 장쭤린은 1928년 갑자기 목숨을 잃어. 어떻게 된 일일까? 당시 국민당 군대를 이끌고 있던 장제스蔣介石장개석는 군벌 타도를 외치며 중국 북부까지 내전을 확대하고 있었어. 그는 가장 세력이 컸던 장쭤린의 만주 군벌을 무너뜨리고 중국을 통일하려 했지. 결국 장쭤린은 국민당 군대를 막지 못하고 베이징北京북경을 내줘야 했어. 그는 만주로 돌아가 일본의 보호를 받으려 했지만 돌아가는 길에 열차에서 테러를 당해. 그런데 이 테러의 주범이 다름 아닌 일본군이었어.

일본은 왜 장쭤린을 암살한 것일까? 한마디로 장쭤린의 이용 가치가 떨어졌기 때문이야. 일본은 장제스의 북벌北伐을 경계했어. 만주의 풍부한 지하자원은 일본의 국익에 큰 도움을 주고 있었으니까. 만주까지 북벌의 영향을 받는다면 일본은 자신들이 누리던 것들을 내줘야 하니 큰 손해가 아닐 수 없었지. 그래서 만주를 중국으로부터 분리시키는 대중국對中國 정책을 결정했어. 이미 힘을 잃은 장쭤린과 손을 잡는 것은 소용없는 짓이었던 거지.

북한에서 중국으로 탈출한 사람들을 중국이 난민으로 규정하여 북한으로 강제 추방하는 일을 '현대판 미쓰야 협정'으로 볼 수 있음.

젊은 시절의 장쉐량.

장쭤린이 세상을 뜨자 그의 아들 장쉐량張學良장학량이 만주 군벌을 이어받았어. 일본은 장쉐량을 설득해 만주에 괴뢰 정권을 세우려고 했지. 그러나 장쉐량은 일본의 꼭두각시가 되기를 거부하고 중국 국민당 정부와 손을 잡았어. 이로 인해 만주를 중국에서 떼어놓으려던 일본의 계획은 무산되었지. 그러나 일본은 만주를 포기할 수 없었어.

일본은 만주 침략의 빌미를 만들기 위해 '류탸오후 사건'을 일으키지. 만주사변滿洲事變의 시나리오가 시작된 거야.

류탸오후柳條湖 사건
군국주의 일본호의 막장 드라마

1929년 미국에서 경제 대공황으로 많은 기업들이 파산하자 여러 나라는 자국 산업을 보호하기 위해 관세의 장벽을 높이기 시작했어. 수입에 의존하던 원자재 가격이 폭등했지. 일본에게 만주의 지하자원은 더욱 중요해졌어. 또 일본 국내의 인구 과잉 문제와 땅이 없어 가난에 허덕이는 농민 문제를 해결하기 위해서도 만주는 꼭 필요한 땅이었어. 오죽하면 만주를 '생명선'이라고 불렀을까.

일본은 이런 절실함으로 만주를 침략할 명분을 확보하려고 머리를 굴리다가 류탸오후 사건을 일으키지. 류탸오후 사건은 한마디로 일본이 만주를 침략할 명분으로 일으킨 자작극이야.

일본은 일찍이 만주에 있는 지하자원을 확보하기 위해 철도를 놓았어. 철도는 제국주의 시대의 착취와 침략을 상징해. 식민지의 각종 지하자원과 물품을 본국으로 실어 나를 수 있는 최고의 운송 수단이자, 분쟁 지역으로 군사와 군수 물자를 공급하는 중요한 군사 시설이었으니까. 남만주 철도 또한 러일전쟁 이후 일본이 이러한 목적을 위해 운영하고 있었어.

1931년 9월 18일 밤 10시가 조금 넘은 시간, 류탸오후의 남만주 철도 선로에서 엄청난 폭발음이 울렸어. 류탸오후는 장쉐량이 이끌던 동북군의 주둔지 근처였지. 폭발음이 울리자 보초를 서던 일본군은 장쉐량의 동북군이 철로를 폭파했다고 소리쳤어. 동북군은 무슨 일인지 알아보려고 순찰을 나섰고, 그 순간 일본군은 랴오둥遼東요동 반도에서 몰래 들여온 대포로 동북군 머리 위에 포탄을 퍼부었어. 당시 랴오둥 반도에는 일본의 관동군 사령부가 있었거든. 관동군은 1905년 러일전쟁에서 승리한 일본이 랴오둥 반도에 영구적으로 주둔시킨 군대야.

몇 시간이 지나지 않아 상황은 종료됐어. 일본군은 거의 피해가 없었지만 동북군의 사망자는 400명이 넘었어. 그런데 놀라운 사실은 폭파되었다던 철로가 바로 복구되었다는 거야.

이 때문에 류탸오후 사건을 일본의 자작극이라고 하는 거야. 사건의 전말은 이랬어. 그날 일본군 장교 한 명이 철로 위에 폭탄을 설치했어. 특수 제작된 그 폭탄은 폭발음은 매우 큰 반면, 파괴력은 최소화한 것이었어. 폭탄은 예정대로 터졌고 이를 알고 대기하던 일본군은 재빨리 철로를 복구한 거야.

류탸오후 사건은 만주사변으로 확장됐어. 일본의 구상 대로 중국으로부터 만주를 분리시키는 것은 시간 문제였지. 국민당 장제스는 내부적으로는 공산당 때문에, 외부적으로는 만주사변 때문에 내우외환內憂外患의 상황에 놓였어. 그는 내부를 안정화시키는 것이 우선이라고 보고, 공산당 토벌에 모든 힘을 쏟아 붓기로 결정했어. 장쉐량의 주력 부대와 국민당의 혁명 군대 모두 만주의 일본군보다는 내부의 공산당을 토벌하는 데 총력을 기울였지. 국민당과 공산당 사이에 벌어진 이 전쟁을 '국공내전'이라고 해. 그사이 만주는 일본의 손아귀에 손쉽게 떨어지고 말았지.

하지만 장제스 또한 만주를 그냥 포기할 리 없었어. 국민당은 국제연맹에 만주사변을 일으킨 일본을 고소했어. 중국이나 일본 모두 국제연맹에 가입한 상태였지. 국제연맹은 영국인 리턴Lytton을 단장으로 하는 조사단을 만주로 파견했어. 일명 리턴 조사단은 만주사변이 일본의 계획적이고 불법적인 침략이었다는 보고서를 제출했어. 보고서에 의거해 국제연맹은 만주의 주권을 중국의 것으로 인정하는 안건을 표결에 부쳤지. 반대표는 한 표! 일본이 행사한 표였어. 결과를 받아들일 수 없었던 일본은 국제연맹 탈퇴라는 강수를 두며 대응했어. 결과적으로 중일 문제 해결을 위한 국제연맹의 노력은 물거품이 되고 말았지.

류탸오후 사건은 대령급 지휘관 몇 명이 계획한 일이지만, 사실 그들 뒤에는 '그림자 없는 지휘관' 히로히토 천황이 있었어. 훗날 만주사변의 음모를 꾸민 지휘관들은 모두 장군으로 승진하거나 수상의 자리까지 올랐어. 청나라의 마지막 황제 푸이溥儀가 만주국의 왕이 된 것도 천황의 승인이 있었기에 가능했어. 이뿐만 아니라 여러 가지 정황으로 볼 때 천

| 일본인들이 증거로 내세운 군모, 소총, 불탄 철도 침목.

황이 만주사변에 개입했다는 사실은 부인하기 어려워. 따라서 히로히토
천황은 만주사변의 책임을 피할 수 없어. 그 이후에 벌어진 중일전쟁과
태평양전쟁에 대해서도 마찬가지야. 하지만 전쟁이 끝난 후 '인간 선언'이
라는 희극이 연출되면서 천황은 면죄부를 얻게 되었어.

인간 선언 人間 宣言
신이 될 수 없었던 한 인간의 고백

인간 선언은 히로히토 천황이 자신의 신격을 부정하고 인간임을 선언한
사건이야. 일본은 제2차 세계대전으로 패망하기 전까지 천황을 '현인신'

으로 우러러보았어. 인간의 몸을 빌린 살아 있는 신이라는 거지.

일본의 천황제는 일종의 종교라고도 볼 수 있어. 그런데 일본 국민들이 처음부터 천황을 신적인 존재로 숭배한 것은 아니야. 메이지유신明治維新명치유신 이전까지 천황은 상징적인 존재일 뿐 현실 정치에 개입하지 않았어. 오늘날 영국의 왕실처럼 말이지. 그때까지 일본을 실질적으로 다스린 것은 막부의 쇼군(장군)이었고 천황은 쇼군에게 '신의 계시를 전하는' 제사장 신분이었어.

그런데 막부 시대가 끝난 뒤부터 대대적인 천황 숭배가 일본 국민들의 일상에 뿌리 내리기 시작했어. 1889년에 만들어진 메이지 헌법에도 그 현상이 두드러지게 나타나. 메이지 헌법은 천황을 일본의 주권자이자 신성불가침한 존재로 규정하고 있어. 메이지 헌법 제1조는 "대일본제국은 천황이 통치한다", 제3조는 "천황은 신성하여 침범받지 않는다"고 명시하고 있지.

메이지 헌법이 천황의 명령으로 만들어졌으니 어쩌면 당연한 일이었어. 천황을 신격화한 결과 천황의 명령은 곧 신의 명령이 되었어. 서양 중세 시대에 "신께서 그것을 바라신다"는 말 한마디로 십자군 전쟁을 일으킨 교황이 연상되지 않니?

태평양전쟁 당시 미국은 일본의 천황제에 치를 떨었어. 태평양전쟁은 1941년 일본의 미국 하와이 진주만 공습으로 발발했어. 태평양을 사이에 두고 팽팽한 접전이 지속되다가 1945년 오키나와 전투 이후에는 일본의 패색이 짙어졌지. 일본의 최남단에 위치해 일본 본토 방어에 최후의 보루라 할 수 있는 오키나와가 공격을 당하자 일본군은 자폭을 불사하고 나섰어. 폭탄이 장착된 비행기를 몰고 미국 군함을 향해 돌격해 자살 공격을 하는 특공대가 등장한 거야. 이 특공대가 가미가제神風야. 그들은 천황을 위해 죽는 것을 큰 명예로 여겼지. 미국은 세계 역사상 찾아보기 힘든 이런 맹목적인 자살 공격을 가능케 한 천황의 권위에 놀라지 않을 수 없었어.

그런데 이상한 것은 일본을 점령한 미국이 천황에게 면죄부를 주었다는 거야. 당시 국제연합 산하 런던전범위원회가 천황을 전범戰犯:전쟁 범죄자에 포함시켰지만 미국의 요구로 명단에서 제외됐어. 이로써 일본은 전범국이지만 천황은 전범이 아니라는 이상한 논리가 성립되었지. 심지어 미국이 주도한 도쿄 전범재판에서는 천황이 아예 재판 대상에서 제외됐어.

사실 오키나와 전투에서 천황이 항복을 선언했다면 히로시마와 나가사키에 원자폭탄이 떨어지는 비극은 없었을 거야. 일본 군복을 입고 싸울 수밖에 없었던 수많은 식민지 청년들과 청소년들의 목숨도 지킬 수 있었을 테고.

그런데도 미국이 천황을 보호한 이유가 뭘까? 천황제를 지속시켜 일본 국민의 마음을 얻은 뒤 일본을 좀더 효율적으로 지배하려는 속셈이었던 거지. 동아시아 지역에서 공산주의 세력의 확대를 막기 위한 것이라는 명분을 내세웠지만 말이야.

미국은 메이지 헌법을 폐지

존 맥아더 장군과 히로히토 천황. 건장한 맥아더 장군 옆에 서 있는 왜소하고 경직된 천황의 모습은 일본인들에게 충격을 안겨 주었다.

하고 평화헌법이라고도 불리는 신헌법을 만들었어. 신헌법에서는 "천황은 일본의 상징이자 일본 국민의 상징"이라고 규정함으로써 주권자로서의 천황의 지위를 박탈했어. 이로써 천황은 어떠한 정치적인 간섭이나 행위를 일체 할 수 없게 되었지. 일본의 패전 후 바뀐 천황제를 '상징 천황제'라고 불러.

1946년 1월 1일은 히로히토 천왕의 인간 선언으로 시작했어. 천황은 자신이 인간의 몸을 취한 신이 아니라 그냥 인간일뿐이라고 일본 국민 앞에 선언했지. 천황의 인간 선언 해프닝은 일본 사회가 천황을 신으로 얼마나 굳게 믿었는지를 방증하는 사건이야.

수백만 명을 희생시키고도 상징적인 천황으로 연명을 꾀한 히로히토. 그는 89세에 세상을 떠났어. 다시 한 번 현인신이 아니란 게 증명된 셈이지.

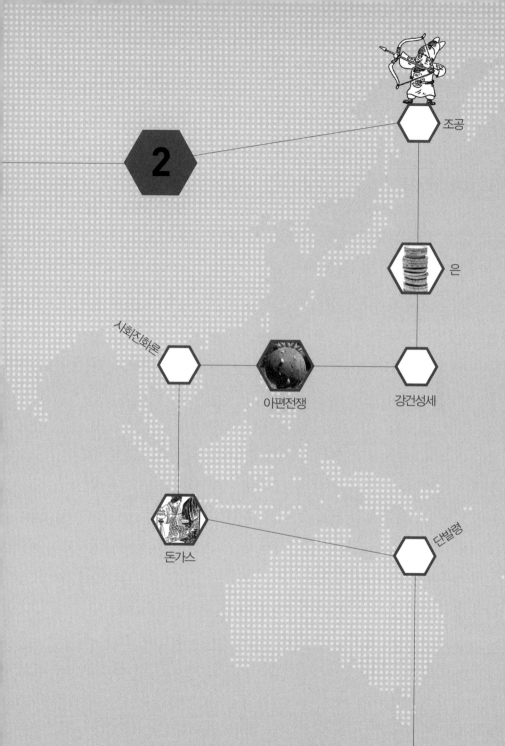

2

조공

은

사회진화론

아편전쟁

강건성세

돈가스

단발령

조공 朝貢
작은 나라가 큰 나라에게 적의가 없음을 나타내는 행위

조공이란 약소국이 강대국에 예물을 바치는 것을 말해. 요즘엔 '팬들이 연예인에게 바치는 선물'이라는 말로도 널리 쓰이고 있지. 동아시아의 강대국이었던 중국은 조공을 받고 약소국의 왕들에게 벼슬을 내렸어. 이걸 책봉冊封이라고 하지. 쉽게 말해 '나에게 무릎을 꿇고 신하의 예를 보이면 너를 그 땅의 왕으로 인정해 주마'라고 한 거야.

중국은 조공을 받으면 그 몇 배의 물품을 하사했어. 스스로를 강대국이라고 생각했기 때문인데, 아이러니하게도 이것 때문에 경제적으로 어려워지기도 했어. 고려와 조선은 각각 송나라와 명나라에 조공을 했어. 중국은 3년에 한 번만 조공하기를 바랐지만 고려와 조선은 굳이 1년에 세 번이나 조공을 했지.

약소국들이 조공을 한 것은 중국이 강력했기 때문이 아니라 부유했기 때문이야. 즉, 정치적인 종속보다 경제적인 이익이 조공의 직접적인 이유였던 거야. 사신들이 중국에서 가져온 진귀한 물품들은 값어치가 상당했어. 이러한 이유로 '조공 무역'이란 말이 탄생했지. 중국의 선진 문물을 교역하는 것은 매우 매력적인 일이었어. 그러니 고려와 조선의 입장에서는 조공이 실리를 챙길 수 있는 좋은 기회였던 셈이야. 반면 중국이 얻은 것이라면 조공을 바치는 국가가 자신들에게 적의가 없다는 것을 확인하는 정도였을 거야. 하지만 중국도 책봉을 통해 아시아에서 정치적 우위를 확보할 수 있었지. 이렇게 볼 때 조공·책봉 관계가 동아시아에 평화와 안정을 가져온 것은 사실이야.

일각에선 조공과 책봉을 굴욕적인 외교의 한 형태로 보기도 해. 우리나라 역사 교과서에는 쏙 빠져 있는 내용이지만 동북아시아의 최강자였던 고구려도 중국에 조공을 했어. 그것도 고구려의 영토를 최대로 확장한 장수왕 때의 일이야. 장수왕은 당시 둘로 나뉜 중국의 북위와 남제 두 나라에 조공을 했어. 두 나라와 균형적인 외교 관계를 맺어 안정을 꾀하려는 계산이었던 거지. 그러나 이 사실을 알게 된 북위의 효문제는 남제로 가던 고구려의 조공 사절단을 납치해 두 군주를 섬기려는 고구려에 강력하게 경고했지.

조공이 정치적인 종속 관계를 나타낸 것은 사실이야. 실제 중국에 조공을 하지 않으면 무역을 통한 이득을 볼 수 없었으니까. 게다가 책봉을 받지 못한 왕은 정치적인 기반이 약했고 나라를 존속시키는 데 어려움을 겪었어. 그래서 조공을 통해 경제적 이익과 왕권 보강이라는 두 마리

토끼를 잡으려 한 거지. 이런 측면에서 보면 조공은 선택의 여지가 없는
당시의 국제 질서였다고 볼 수 있어.

　조선은 명나라에 조공을 했어. 조선의 조공 사절단은 중국 사람들에
게 인기가 좋았던 인삼을 여비로 받았는데, 그들은 그 인삼을 비단으로
바꿔서 부산으로 내려갔어. 비단을 일본 상인들에게 되팔면 큰 이윤을
남길 수 있었거든. 일본 상인들은 비단 값으로 '은'을 지불했어. 이렇게 조
선에 흘러들어 온 은은 사절단에 의해 중국에서 통용되었지. 중국에서
는 은의 값어치가 높았거든.

은 銀
정작 은행에는 없는 것

16~18세기에는 은이 세계적으로 통용되었어. 오늘날 미국의 달러처럼 말이지. 뱅크bank를 중국어로 은행銀行, 즉 '은을 취급하는 가게'로 번역한 것만 보아도 당시 은의 위상을 알 수가 있어.

은이 전 세계적인 화폐가 된 데는 유럽의 '신항로 개척'이 한몫을 했어. 육류를 주식으로 했던 유럽 사람들은 육류에 맛과 향을 더했던 향신료를 아시아에서 수입했지. 당시 향신료는 유럽에서 금값과 맞먹을 정도로 귀했어. 향신료 무역선 6척 중 1척만 무사히 돌아와도 남는 장사라는 말이 있을 정도였지. 이렇게 공급이 많지 않다 보니 향신료는 황제나 부유한 몇몇 귀족들의 전유물이었어. 그러다 13세기부터 서유럽 경제가 발전하면서 향신료 수요는 꾸준히 증가했지.

하지만 지중해를 통해 들여온 향신료는 베네치아 상인들이 교역을 독점하다시피 했어. 독점권을 가진 베네치아 상인들은 향신료 가격을 마음대로 주무르며 엄청난 부를 축적했지. 이들의 횡포를 벗어나기 위해서는 지중해가 아닌 새로운 항로를 찾아야 했어. 그 선봉에 포르투갈이 섰고, 새로운 항로 개척과 함께 대항해 시대를 이끌어 나갔지.

포르투갈은 아시아에 진출한 유럽의 첫 번째 나라로 향신료를 직접 교역했어. 이후 중국과 일본 사이에서 삼각 무역을 주도했지. 중국의 물품을 일본에 팔고, 그 대가로 은을 받아서 그 은으로 중국의 비단과 도자기를 구입해 갔어. 비단과 도자기는 향신료와 더불어 유럽 사람들에게 인기가 높은 상품이었거든. 이렇게 교역이 활발히 일어나는 가운데 일본에 표류한 포르투갈 선박이 조총을 일본에 전해 주는 일도 있었어.

유럽이 한창 신대륙을 찾아 나선 시기에 일본에서는 은광 개발이 한창이었어. 당시 일본은 세계 2위의 은 수출국이었어. 이와미 은광산은 유럽에서도 아주 유명했지. 신항로 개척에 나섰던 포르투갈 지도에도 이와미가 표시된 것을 보면 그만큼 중요했다는 뜻이지.

그런데 일본이 은을 대량으로 생산할 수 있었던 배경에는 조선의 기술력이 있었어. 16세기 초 조선이 세계 최초로 개발한 회취법은 은 광석에 포함된 불순물을 제거하는 기술이었어. 이 기술 덕분에 이와미 은광산의 연간 생산량은 40톤에 육박했어. 당시 전 세계 은 생산량의 10분의 1에 가까운 수치였지.

은은 일본 내의 권력 판도를 좌지우지할 만큼 큰 영향을 끼쳤어. 은광산을 보유했느냐 하지 않았느냐가 권력의 크기를 결정했지. 특히 도요토미 히데요시는 은광산을 자신의 지배 아래 두고 권력을 키워 나갔어.

회취법은 일본의 은 생산량을 증가시켰고, 그렇게 축적한 부는 임진왜란의 전쟁 비용으로 충당되었어. 조선은 자신들이 개발한 회취법이 이런 식으로 자신들을 공격하게 될 줄은 꿈에도 몰랐을 거야.

일본의 은은 유럽 상인들에 의해 중국 시장으로 흘러들어 갔어. 중국은 교역의 대가로 항상 은을 요구했거든. 왜구도 큰 역할을 했어. 명나라 초기에는 해금 정책이 시행되어 판자 하나도 바다에 띄울 수 없었지만 밀무역密貿易까지 막을 수는 없었지. 주로 왜구들이 밀무역을 주선했어.

해금海禁 정책
조공을 위해 오가는 배를 빼고는 다른 나라와 교통·무역·어업 등을 금지하는 정책으로 명·청 시대에 널리 실시됨. 외국과의 분쟁을 피하고 국내의 치안을 유지하는 게 목적이었음. 세계 역사라는 큰 그림에서 보면 중국이 해금 정책으로 스스로 바다에서 물러났다면, 유럽은 대항해 시대에 세계의 바다를 다스리는 주체로 등장함.

명나라는 곡물 같은 현물 대신 은으로 세금을 납부하는 은납제를 시행했어. 오랫동안 곡물이 화폐 역할을 했지만, 부피가 크고 운반과 관리가 어렵다는 문제가 있었지. 반면 새롭게 등장한 은은 크기가 작아 휴대가 편하고 부패할 염려가 없었어. 이렇게 왜구는 중국의 넘쳐 나는 은 수요를 채워 주고 그 대가로 비단과 도자기를 가져갔지.

명나라는 관리들의 급료도 은으로 지급했어. 예나 지금이나 관리들의 급료는 국가 예산의 상당 부분을 차지해. 그러다 보니 시간이 흐르면서 은 부족 현상이 나타났어. 결국 명나라는 부족한 은을 충당하기 위해 해금 정책을 폐지해야만 했지.

그러자 동서양 상인들은 기다렸다는 듯이 중국으로 몰려들었어. 멕시코와 남미에서 생산한 아메리카 은도 스페인 무역선에 실려 중국과의 교역에 사용되었어. 전 세계의 은이 중국으로 빨려 들어간다고 해서 중국을 '은의 무덤'이라고 불렀지. 비단과 도자기는 중국의 은 가뭄을 해갈시켜 준 효자 품목이었어.

유독 중국으로 은이 몰린 이유 중의 하나는 중국이 은의 가치를 다른 나라보다 두 배 정도 높게 쳐주었기 때문이야. 당시 세계의 기축통화였던 은을 다량 보유한 중국은 강력한 제국으로 성장할 수 있었어. 이에 힘입어 17세기 청나라에는 경제적으로 풍요롭고 정치적으로 안정되었다는 뜻의 '강건성세'라는 말이 생겨났어.

기축통화 key currency
국제시장에서 금융거래의 기본이 되는 통화. 1944년부터 현재까지 미국의 달러가 기축통화의 역할을 하고 있음.

강건성세 康乾盛世

청나라를 단단한 반석 위에 올려놓은 전성기

강건성세는 청나라 4대 황제 강희제부터 옹정제, 건륭제까지 3대, 140여 년간의 전성기를 말해. 중국에서는 이 말을 태평성대太平聖代와 같은 뜻으로 사용하지.

만주족이 세운 청나라는 임진왜란 이후 국력이 바닥난 명나라를 공략했어. 마침 명나라는 이자성의 난으로 자멸의 길을 걷고 있었지. 만리장성의 수문장 오삼계 장군은 이자성의 난을 평정하기 위해 출정했어. 그런데 이 대목에서 반전이 일어난 거야. 오삼계 장군이 적군 청나라 군대를 끌고 왔거든. 오삼계 장군의 배신으로 결국 명나라는 멸망하고 말았어. 1억 5천만 명의 인구를 보유한 명나라가 1천 분의 1 수준인 15만 명의 청나라 군대에게 패망한 거야.

이자성의 난
1644년 명나라를 멸망시킨 농민 반란으로, 이자성은 수도 베이징을 점령하고 스스로 황제가 되었으나 청나라의 침략으로 반란이 진압됨.

청나라는 명나라 정복에 협조한 오삼계와 명나라 장수들을 우대해 강남 지역을 다스리게 했어. 그러나 강희제는 이들을 항상 시한폭탄처럼 여겨 경계했지. 아니나 다를까 오삼계는 한족 연합군을 결성해 반란을 일으켰고, 강희제는 명나라의 잔존 세력들을 모두 물리쳤어. 내친김에 강남 지역까지 완벽하게 통일하고 제국을 이룩했지.

중국의 새 주인이 된 강희제는 무려 61년이나 황제의 자리를 지켰어. 누군가에게는 평생일 수 있는 기간을 왕좌에 앉았던 그는 중국을 가장 오랫동안 다스린 지도자 자리에 올랐어. 강희제의 70세 생일이 다가오자 신하들은 큰 잔치를 준비하려고 했어. 강희제는 이러한 신하들을 만류하며 유명한 말을 남겼지.

"한 사람이 천하를 다스리는 것이지, 천하가 한 사람을 받드는 것이 아니다."

오랜 치세 동안 사사로운 욕심이 생길 수도 있었을 텐데, 나라를 흥하게 한 지도자에게는 뭔가 특별한 게 있어. 정권 말기가 되면 온갖 구설수에 오르는 우리나라 정치인들과 달라도 너무 다르지?

청나라가 260여 년이나 지속된 데는 강희제의 공이 지대했어. 그는 만주어밖에 모르던 선대왕들과는 달리 한족의 언어를 열심히 배웠어. 강희제는 무술의 본거지인 소림사의 현판을 직접 쓰기도 했어. 수적으로 1천 배가 넘는 한족을 다스리기 위해서는 스스로 그들을 감싸 안는 모습을 보여야 한다고 생각한 거지. 한족은 만주족을 오랑캐로 여기다가 나라를 빼앗겼으니 자존심에 큰 상처를 입었고, 만주족은 오랫동안 한족에게 무시당한 상처가 있었어. 두 민족 사이의 갈등은 이래저래 클 수밖에 없었지.

강희제는 두 민족 사이 갈등의 틈을 줄이고 문화적 유대를 강화하기 위해 만한전석滿漢全席이라는 큰 잔치를 계획했어. 만주족과 한족의 산해진미를 한 상에 차려 놓고 다 함께 음식을 나누는 자리를 마련한 거야. 이러한 화해와 통합을 위한 시도와 노력이 청나라의 장수 비결이었어.

강희제는 무려 35명의 아들이 있었어. 아버지를 이을 황제 자리를 차지하기 위한 '왕자의 난'은 어느 정도 예견된 일이었지. 실제로 황위를 놓고 치열한 암투가 벌어졌어. 강희제는 장남이 아니라 넷째 아들 옹정제에게 황제 자리를 물려준다는 유언을 남겨. 유목민은 후계자를 결정할 때 실력이 우선이었어. 장남은 큰 의미가 없었지. 황폐한 땅과 거친 자연환

경에 적응하는 생활을 하면서 몸소 터득한 지혜였어. 그리고 그것은 소수 민족인 만주족이 자신들보다 훨씬 많은 한족을 포용하면서 드넓은 영토를 다스릴 수 있는 원동력이 되었어.

청나라의 5대 황제 옹정제는 황제 자리를 둘러싼 골육 간의 다툼을 잘 알고 있었어. 그는 후계자 다툼을 원천 봉쇄하고 안정적으로 왕조를 유지하기 위해 태자밀건법太子密建法을 제정했어. 후계자를 미리 공개하지 않고, 황제가 태자의 이름을 직접 쓰고 그 종이를 상자에 밀봉해 두는 방법이야. 황제가 세상을 떠나면 상자를 열어 후계자를 공개하는 거지. 옹정제의 슬기로움으로 피비린내 나는 후계 다툼을 막을 수 있었어.

태자밀건법으로 옹정제가 지목한 후계자는 다섯째 아들 건륭제였어. 건륭제는 이미 강희제가 그의 유언에 반드시 황제가 되어야 한다고 지목한 인물이었어. 건륭제의 뛰어난 자질을 일찌감치 알아본 할아버지 강희제는 직접 손자를 가르치기도 했지.

이렇게 할아버지의 총애와 아버지의 배려 덕택에 순탄하게 황제가 된 건륭제는 활발한 정복 활동을 펼쳐 오늘날의 중국 국경을 완성했어. 그는 열 번의 원정을 모두 승리로 이끌어 십전노인十全老人이라고 불리기도 했지. 그는 지금까지도 중국에서 유명세를 떨치고 있어. 레스토랑이나 유람선 이름에 건륭제의 이름을 쓰는 곳이 많거든. 그의 화려한 명성을 이어받고 싶은 마음 때문이겠지.

또 건륭제 치세 기간 동안 청나라는 세계 최고의 은 보유국이 되었어. 하지만 넘쳐 나는 은 때문에 물가가 폭등했는데 특히 백성의 주식인 쌀값이 크게 올랐지. 관리들에게 지급하는 녹봉조차 폭등하는 물가를 반영하지 못하자 부정부패가 늘어나기 시작했어. 황제도 관리들의 부패를 눈감아 줄 수밖에 없는 상황에까지 이르렀어.

역사적으로 관리들의 부정부패는 나라를 망하게 하는 중요한 원인 중 하나야. 건륭제가 세상을 떠나고 불과 50년이 지나지 않아 발발한 '아편전쟁'으로, 청나라는 영국 앞에 무릎을 꿇고 말았어. 건륭제가 다스리던 시절은 겉으로는 최고의 전성기를 누리는 것처럼 보였지만, 실상 속은 병들고 있었던 거야.

아편전쟁 阿片戰爭, Opium War

신사의 제국이 한 나라를 파멸에 빠트리는 데 사용한 치명적인 도구

아편은 opium을 한자로 옮긴 말로 중독성이 강한 마약이야. 양귀비 어린 열매에 상처를 내면 유액이 나오는데, 그것을 햇빛에 말리면 아편이 돼. 본래 아편은 통증을 완화시켜 주는 의약품이었지만 영국은 이를 악용했어. 영국을 통해 아편을 접한 청나라 사람들은 이에 중독되었고 얼마 지나지 않아 중국 곳곳에 아편 소굴이 만들어졌어.

양귀비 열매에 칼집을 내자 우윳빛의 아편 즙이 흘러내리고 있다.

아편이 각종 사회 문제를 일으키자 청나라 강희제와 옹정제 양대에 걸쳐 아편의 재배, 가공, 운송, 판매를 엄격하게 금지했어. 나중에는 흡연 자체를 금지했지. 하지만 소용없는 일이었어. 이미 아편은 군인을 비롯해 고위 관리들, 심지어 황제까지 중독시키고 있었거든. 아편이 모든 계층으로 스며든 결과 중국 전체는 무기력함에 빠졌어. 따지고 보면 아편 수요의 급증은 청나라의 멸망을 부채질했어.

1830년대가 되면서 청나라의 주요 수출품인 비단, 도자기 등의 수출량이 아편의 수입량을 당해내지 못하게 돼. 아편을 사기 위한 엄청난 양의 은이 외국으로 빠져나갔어. 1838년에 이르자 3,000톤에 달하는 4만 상자의 아편이 수입되었어. 이 때문에 청나라 경제는 급속도로 나빠졌어. 아편 무역을 금지해야 한다는 목소리가 커졌고 황제도 더는 머뭇거

릴 수 없었지.

1839년 도광제는 임칙서에게 전권을 주고 아편 밀거래를 차단하도록 했어. 동생을 아편 중독으로 잃은 임칙서는 그 누구보다 아편의 위험성을 잘 알고 있었지.

우선 임칙서는 영국의 빅토리아 여왕에게 편지를 보내 호소했어. 아편의 위험성을 알면서도 중국에 아편을 파는 것은 잘못된 것이며 만약 타국의 상인들이 영국인들을 부추겨 아편을 팔고 피우게 한다면 여왕께서도 분노할 것이라는 내용이었어. 한 마디로 역지사지의 자세를 요구한 거지. 또한 도덕적 책임감을 불러일으키기 위한 꾀이기도 했을 거야.

그리고 나서 임칙서는 영국 상인들에게 사흘 안에 아편 상자를 모두 내놓을 것과 아편 거래를 중단할 것을 요구했어. 위협을 느낀 영국 상인들은 우선 일부만 내놓았어. 하지만 결국 다음 날 아침 그들은 2만 상자 전부를 내어놓을 수밖에 없었어. 총으로 무장한 청나라 군인들이 그들의 숙소를 둘러싸고 있었거든. 임칙서는 바닷가에 구덩이를 파고 모든 아편을 쏟아 붓게 했어. 밀물이 몰려오자 아편은 바닷물에 녹아 사라졌지. 그러나 임칙서가 사용한 단순하고 난폭한 방법은 영국의 거센 반발을 초래했어.

결국 1840년 영국은 이 사건을 빌미로 아편전쟁을 일으켰어. 군대를 파병하기 전에 정치가 윌리엄 글래드스턴은 의회 연설을 통해 아편전쟁을 '정의롭지 못하고 수치스러운 전쟁'으로 규정했어. 그의 말대로 아편전쟁은 영국이 아편의 밀무역을 보호하기 위해 일으킨 부당한 전쟁에 불과했어. 하지만 글래드스턴의 열변도 전쟁을 막지는 못했어. 4천 명에 이르는 원정군이 중국을 향해 떠났지.

영국이 내부의 비난에도 불구하고 전쟁을 감행한 것은 단지 아편 몰수에 대한 보복 때문만은 아니었어. 좀 더 근본적인 이유는 영국과 청나라 간의 무역 불균형이었지.

동인도회사
17세기 초 영국, 네덜란드, 프랑스 등이 동양을 상대로 무역과 식민지 점거를 위한 전초기지로 활용함.

영국은 17세기에 동인도회사를 세우고 중국의 차를 본격적으로 수입하기 시작했어. 영국인들은 홍차를 즐겨 마셨는데, 그 인기가 대단했지. 차와 함께 중국의 도자기도 덩달아 인기 품목이었어. 영국은 차와 도자기, 비단을 살 때 멕시코 은으로 지불했어. 하지만 시간이 지날수록 영국은 심각한 무역 적자 상황에 놓이게 되었어. 영국이 보유한 은도 점차 바닥을 드러냈어. 한마디로 중국에서 들여온 수입품의 소비는 늘어나는 반면, 영국 제품의 수출량은 많지 않았던 거지. 영국은 주로 모직물을 중국에 수출했어. 하지만 중국 사람들은 양털로 만든 모직물을 오랑캐가 입는 저질스러운 것으로 치부하고 자신들이 만든 비단과 목화로 만든 옷에 만족해했어. 게다가 중국의 남부 지방은 날씨가 더워 모직물이 필요 없었어.

영국의 상인들과 정부는 큰 고민에 빠졌어. 만성 적자를 해결하기 위한 히든카드가 절실했지. 그래서 등장한 게 바로 아편이야. 한 번 중독되면 헤어나기 어려운 아편을 중국 사람들에게 팔기로 한 거지. 계획대로 아편 밀거래로 영국은 무역 적자를 해소하고 흑자를 내기 시작했어.

아편을 피우고 있는 중국인들의 모습. 아편은 중국인들의 정신 건강에 치명적인 영향을 주었다.

아편은 수백만 명의 중국 사람들을 중독시켰어. 자국의 경제를 살리고 부국강병을 이루기 위해 나라가 앞장서 아편을 판 것은 유례를 찾아볼 수 없는 일이야. 아편전쟁은 실로 영국의 치욕적인 역사의 한 장면인 셈이야.

그렇다면 영국은 왜 이런 치욕적인 역사를 쓰면서까지 아편전쟁을 계획했을까? 돈 말고 다른 이유가 있지 않았을까? 그에 대한 답은 '사회진화론'에서 얻을 수 있어.

사회진화론 社會進化論, Social Darwinism
인간 사회를 동물 세계로 규정한 이론

하이에나 무리가 산양 새끼를 집요하게 공격하고 있어. 온몸이 상처투성이인 산양은 거칠게 숨을 쉬다 먹잇감이 되고 말지. 산양이 불쌍해 보이지만 그것이 자연의 법칙이니 어쩌겠어. 이러한 자연의 생존 법칙을 인간이 사는 사회에 적용한 것이 바로 사회진화론이야.

사회진화론은 다윈이 주장한 진화론을 인간 사회에 적용한 거야. 약육강식의 동물 세계와 인간 사회가 다를 바 없다고 주장하지. 다시 말해 우월한 자가 이기고, 열등한 자가 패한다는 논리와 관점으로 인간 사회를 바라보는 거야.

사회진화론은 영국의 철학자 스펜서가 1860년대에 만든 개념이야. 다윈의 진화론이 발표되고 얼마 지나지 않아서였지. 그 시기는 서양이 동양을 점령해 나가던 때와 맞물려 있었는데, 강대국은 사회진화론에 의거하여 약소국을 점령하는 것을 당연한 것으로 받아들였어. 반면 약소국에게 사회진화론은 식민지 현실을 도피할 근거가 되었어. '약소국이기 때문에 강대국의 식민지가 된 것은 어쩔 수 없다'와 같은 당위적인 결론을 내리게 한 거야. 동시에 '실력을 쌓아 강대국이 되어 저들과 겨루자'는 운동의 이론적 근거가 되기도 했어.

먹지 않으면 먹힌다는 동물 세계의 법칙은 전 세계를 휩쓸었어. 무엇보다 사회진화론은 제국주의의 침략성을 정당화하는 이론적 근거가 되었어. 덜 문명화된 국가의 지도는 더욱 문명화된 국가의 지도에 포함될 운명과 맞닥뜨린 거야.

사회진화론은 유럽의 백인이 아시아나 아프리카, 아메리카 원주민보다 우월하다는 인식을 심어 주었어. 한마디로 인종에 따라 DNA의 우열이 나뉜다는 것이지. 이러한 개념이 확장되면서 우생학優生學, eugenics이라는 '사이비 과학'이 탄생하기도 했어. 우생학은 우수한 형질을 지닌 인류를 보존하기 위한 학문이야. 우월한 인종이 혈통을 유지하기 위해서는 열등한 인종과 섞이면 안 된다는 거지. 사회진화론과 우생학의 기묘한 결합은 백인은 강자, 백인을 제외한 인종은 약자라는 이분법적 사고를 낳았어. 이러한 사고방식은 무시무시한 결과를 가져오기도 했지. 바로 히틀러의 유대인 학살, 즉 '홀로코스트'인데 이것은 열성 인자를 가진 인종은 완전히 제거해야 한다는 생각에서 비롯된 거야.

사회진화론이 인간 사회를 단순히 자연 법칙으로 움직이는 생물학적 집단으로 간주한 데서 비극은 시작되었어. 인간은 다른 동물에게는 없는 양심과 윤리를 지니고 있어. 그렇기 때문에 얼마든지 강자가 약자를 돌보고 약자가 양심적이고 윤리적인 강자를 따를 수 있는 것이 인간 사회야. 사회진화론은 이런 인간의 무한한 가능성을 배제하고 인간을 약육강식의 법칙을 철저히 따르는 동물 수준으로 떨어뜨려 버린 거지.

그럼에도 사회진화론은 경제 분야에서 여전히 기승을 부리고 있어. 빈부 격차 문제에 사회진화론을 개입시켜 가난과 기아를 자연 현상으로 취급하고 있지. 이러한 해석에 따르면 맹수가 먹잇감을 사냥하면서 아무런 거리낌이 없는 것처럼, 부유층은 빈곤층에 대해 책임 의식을 전혀 느낄 필요가 없어지지. 그래서 전 세계 백만장자들 중에는 아직도 사회진화론을 우상처럼 떠받드는 사람들이 있어. 그들은 사회진화론을 내세워 부의 불균형을 정당화하면서 자본으로 전 세계를 제패하려고 하지.

동아시아에서 가장 빠르게 근대화에 성공한 일본 또한 사회진화론을 숭배했어. 일본은 러일전쟁을 승리로 이끌면서 자신들을 서양과 동등한 위치에 올려놓고자 했어. 당시 서양의 식민지였던 아시아 국가들은 일본의 승리를 백인종에 대한 황인종의 승리로 해석하기까지 했지. 일본을 당장이라도 서양 제국주의의 그늘에서 자신들을 건져 줄 구원자로 보았던 거야. 하지만 일본은 서양의 제국주의를 적대시하기는커녕 오히려 그들의 대열에 끼고 싶어 했어. 그래서 그들처럼 식민지 사냥에 나서기 시작했지.

뼛속까지 서양을 본받으려 했던 일본은 새로운 음식 문화를 만들어 내기도 했어. 일본은 서양인의 우월한 신체 조건을 동경한 나머지 육식을 적극 장려했는데, 이 때문에 등장한 음식이 바로 '돈가스'야.

┃돈가스
서양인의 육체를 닮고 싶었던 일본인들이 만든 일본식 양식

일본은 1868년 메이지유신을 통해 아시아 최초로 근대화에 성공했어. 천황이 명실상부한 최고 통치자가 되면서 모든 권력이 천황과 내각을 중심으로 재편되었지.

일본은 아편전쟁으로 몰락한 중국을 보면서 '저렇게 되지는 말아야지'라고 생각했어. 반면 유럽을 보면서 '언젠가는 저렇게 되고 말 거야'라는 꿈을 품었지. 그러고는 하나에서 열까지 유럽을 따라 하기 시작했어.

일본은 왜소한 체형까지도 서양인처럼 바꾸려고 1200여 년간 유지해 온 육식 금지령을 폐지했어. 일본 사람들의 작은 체격이 고기를 먹지 않아서라고 생각했기 때문이야. 하지만 오랫동안 굳어진 전통적인 음식 문화를 하루아침에 바꿀 수는 없었어.

소설가 무라이 겐사이가 1903년에 펴낸 소설 『식도락』에는 육식 금지령이 풀린 이후의 상황을 잘 보여 주는 삽화가 한 장 있어. 쇠고기를 앞에 두고 먹기를 주저주저하는 사람들의 불안한 심리를 잘 나타낸 그림이지. 그만큼 육식에 대한 심리적인 저항이 만만치 않았던 거야. 오죽하

| 주저주저하며 고기를 먹는 일본인들(무라이 겐사이의 『식도락』 중).

면 육식 금지령을 푼 천황을 암살하려는 사건까지 일어났을까. 무려 열 명이나 되는 사람이 암살을 기도하다가 네 명이 목숨을 잃고 나서야 사건이 종료되었지. 그들은 육식이 불경하다고 주장했어.

　이렇게 육식 권장은 순조롭지 않게 진행되었지만 정부의 노력은 계속되었어. 천황은 궁중 식단에 프랑스 요리를 도입하고, 신하들과 서양 식당에 가서 고기를 먹는 시범을 보였어. 천황과 정부의 노력으로 19세기 말 도쿄에만 서양식 식당이 1천 군데가 넘게 생겼어.

　육식 권장의 핵심은 일단 고기의 비린내를 없애고 육식에 대한 심리적 불안감을 제거하는 데 있었어. 그렇게 해서 탄생한 첫 번째 요리는 스키야키. 쇠고기 전골 요리로 샤브샤브와 비슷해. 잘게 썬 쇠고기를 국물에 끓여 고기 특유의 비린내를 없앤 요리야.

　돈가스는 육식에 대한 거부감을 전략적으로 최소화한 음식이었어. 돈가스는 돼지고기에 밀가루, 계란, 빵가루를 두툼하게 입혀서 튀겨 내. 그러니 일단 고기가 고기처럼 보이지 않을 뿐더러 바삭바삭한 식감 덕에 고기 특유의 식감이 덜해졌지.

돈가스는 서양의 커틀릿을 모델로 해서 태어났어. 돈가스는 돼지를 뜻하는 돈豚과 커틀릿cutlet의 일본 발음인 '가쓰레쓰'가 합쳐진 말이야. 커틀릿은 쇠고기를 주로 사용하고, 돈가스는 돼지고기를 사용한다는 게 조금 다르지. 또 커틀릿은 나이프와 포크를 쓰지만, 돈가스는 미리 썰어 나오기 때문에 젓가락을 사용한다는 차이가 있지. 이런 배경에서 태어난 돈가스는 오늘날 일본에서 수험생들을 위한 음식으로도 유명해. 돈가스의 '가쓰'가 뛰어나다는 승勝과 비슷하게 읽히기 때문이지.

그렇다면 과연 육식 장려가 일본인의 체형에 대한 열등감을 없애 주었을까? 역사학자 페르낭 브로델Fernand Braudel은 "부엌에서 나는 냄새만 맡아도 그 문명의 특징을 알 수 있다"고 했어. 메이지유신 이후 일본의 부엌에서 나는 냄새는 일본의 전통과 서양의 문화를 조화시킨 화혼양재의 정신이 아니었을까? 그러니 일본 정부의 육식 장려는 서양 음식 문화 도입이라는 단순한 관점이 아니라 서양의 선진 문명을 흡수하려는 의도였다는 관점에서 봐야 해.

화혼양재 和魂洋才
일본의 정신(和) 위에 서양의 유용한 것을 가져와 사용하자는 이론. 조선은 동도서기(東道西器), 중국은 중체서용(中體西用)으로 표현함.

일본은 음식 문화뿐만 아니라 의복 문화도 완전히 서양식으로 바꿨어. 조선은 한때 일본 사람들을 원숭이라고 비아냥거렸어. 머리를 자르고 양복을 입고 서양인 행세를 하는 일본인이 한심했던 거야. 이런 조선 사람들에 대한 보복이었을까? 일본은 을미개혁 때 조선 사람들에게 '단발령'을 내렸어.

단발령斷髮令
1895년 조선의 자살률이 치솟은 가장 큰 원인

단발령은 머리를 짧게 자르라는 명령으로, 1895년 을미개혁의 일환으로 시행되었어. 을미개혁은 청일전쟁에서 승리한 일본이 조선에 강요한 개혁이야. 우리나라는 삼국시대부터 상투를 트는 전통이 있었어. 조선시대에는 신체발부수지부모身體髮膚受之父母라는 효 사상을 바탕에 두었는데, 상투를 트는 것은 매우 중요한 전통이었어. 몸에 난 머리털이나 수염, 살갗은 부모로부터 받은 것이기 때문에 잘 지켜야 한다는 것이었지. 이를 잘 지키지 않으면 조상을 욕되게 한다고 생각했어.

단발령이 당시 조선 사람들에게 끼친 영향력을 이해하려면 상투의 의미부터 살펴야 해. 조선시대에 소년들은 머리카락을 길게 땋아 뒤로 넘기고 다녔어. 이런 헤어스타일을 보면 누구나 장가를 가지 않은 사람인 줄로 알았지. 관혼상제冠婚喪祭란 말을 들어 본 적 있을 거야. 여기서 '관'이란 상투를 트는 의식인 관례를 뜻해. 오늘날의 성인식과 비슷하다고 생각하면 돼. 대부분의 관례는 혼례를 치르면서 시행한 경우가 많았어. 혼례를 치르면 엄연한 성인으로 대접받았기 때문이야. 이는 호칭에서도 드러나는데, 혼례를 치르기 전에는 '도령'이라 부르지만 혼례를 치르면 '서방'이라고 부르지. 지금도 처가의 어른들이 사위를 부를 때 성씨와 함께 서방이라고 불러.

조선 사람들이라고 해서 평생 머리카락을 보존하지는 않았어. 상투를 틀 때 정수리 부근의 머리카락은 깎았어. 마치 대머리 독수리처럼. 휑해진 부분은 상투가 놓이는 자리야. 나머지 머리카락을 단단하게 조인 후

동곳과 관련된 속담으로 '동곳을 풀다'가 있음. 머리를 풀고 잘못을 빈다는 뜻인데, 상투를 푸는 행위는 굴복한다는 뜻이기도 함.

몇 차례 꼬아 상투를 틀어. 그다음 상투가 풀어지지 않게 일종의 핀 역할을 하는 동곳을 꽂아. 상투를 틀고 나면 그 위에 망건을 씌우는 것으로 관례 의식이 끝나. 망건은 상투를 튼 머리 위에 씌우는 그물 모양의 물건으로, 삐죽삐죽 튀어나온 머리카락을 말끔히 정돈해 주는 역할을 하지.

관례와 혼례를 치른 서방은 제례인 제사에서도 한몫을 했어. 나이가 어려도 상투를 틀면 정중한 대접을 받았지. 반면에 나이가 많아도 상투가 없으면 어른 대접을 받지 못했어. 이렇게 상투는 우리의 오랜 풍습이자 종교적이고 사회적인 상징이었어.

그러니 단발령은 온 나라를 뒤흔들 만한 충격적인 일이었지. 정부는 위생적이고 편하다며 단발을 강요했어. 당시 단발한 사람은 외국인 선교사나 승려뿐이었어. 천민 중의 천민인 백정들조차 상투를 틀었지. 백정보다 낮은 대우를 받았던 승려만이 내국인으로서는 유일하게 단발을 했어. 사정이 이러하니 단발하는 것은 백정보다 못한 중이 되란 말과도 같았어. 또한 조상을 욕되게 하고 불효하는 일로 여겼어. 게다가 단발을 하면 일본 사람과 같아진다는 부정적인 인식까지 생겨나면서 단발령은 거센 저항에 부딪혔어. 하지만 임금인 고종과 태자가 이미 단발의 모범을 보였기 때문에 단발령의 효력은 강력했어.

도성을 출입하는 모든 사람이 영문도 모른 채 상투를 잘려야만 했어. 그러자 도성 안을 출입하던 상인들의 발길이 뚝 끊겼어. 필요한 물품이 공급되지 않자 도성 안의 물가가 폭등했어. 임금의 명령은 관리와 군인에게 가장 먼저 떨어졌어. 관리들은 머리털을 자를 것이냐, 말 것이냐를 두고 고민했어. 자르자니 조상님과 여론이 두려웠고 안 자르자니 어명을 어기게 되고. 비통과 통곡의 소리가 온 나라에 가득했어.

상투가 잘려 나간 사람들의 머릿속에는 어떤 생각이 스쳐 지나갔을까? 관례를 치르던 소싯적의 아련한 추억들이 떠올랐을 거야. 조상과 부모에게 씻지 못할 불명예를 안겼다는 죄책감도 들었을 거고. 중에 대한 혐오감이 자신에게 전가되는 느낌도 들었을 거야. 철석같이 지켜 온 오랜 전통이 하루아침에 무너지는 느낌도 받았겠지. 이렇게 위생과 편의로 위장된 단발령은 조선의 자존심과 민족성을 빼앗아 갔어.

단발령이 떨어져 머리털을 잘리는 청년. 머리털을 자르는 사람은 정작 상투를 틀고 있다. 강제로 상투를 자르기 위해 급조된 체두관은 유동인구가 많은 곳에 배치돼 신분을 막론하고 단발을 시행했다.

중국에도 단발령과 비슷한 명령이 내려진 적이 있어. 변발은 청나라를 세운 만주의 여진족이 한족에게 강요한 머리 형태였어. 청나라에 대한 복종 여부를 가리는 기준이 변발이었던 셈이야. 처음에 한족 지식인들은 변발을 오랑캐의 머리로 여겨 거부했어. 하지만 명령

청나라에서는 한족 남자들도 모두 변발을 해야 했다.

은 무시무시했어.

"머리털을 자르면 머리가 남을 것이요, 머리털이 남으면 머리가 잘릴 것이다."

한족은 살기 위해 변발을 할 수밖에 없었어.

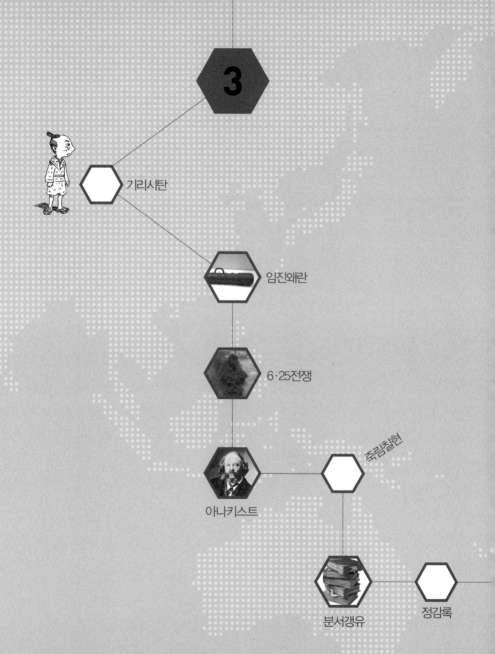

3

기리시탄

임진왜란

6·25전쟁

아나키스트

죽림칠현

분서갱유

정감록

기리시탄 吉利支丹

밟으면 살고, 밟지 않으면 죽는다

일본에서는 막부시대에 전파된 기독교와 기독교 신자들을 기리시탄이라
고 했어. 1653년 제주도에 표류한 네덜란드의 하멜 일행을 알고 있을 거
야. 그들이 조선에서 체류했던 생활을 기록한 『하멜 표류기』에는 제주 목
사가 하멜 일행에게 길리지단吉利支丹 : 기리시탄인지 물었다는 기록이 나와.

　유럽의 16세기는 종교개혁으로 뜨거웠어. 로마 가톨릭 교회의 쇄신을
요구한 개혁 운동이었지. 이 운동으로 로마 가톨릭에서 분리되어 나온
신교도들을 '저항하는 자'라는 뜻의 프로테스탄트protestant라고 했어. 유
럽 각국에서 프로테스탄트들의 움직임이 커지자, 입지가 좁아진 가톨릭
은 해외 선교로 위기를 극복하려고 했어. 프랑스 수도회 예수회가 그 중

심 역할을 담당했지. 예수회는 일본 규슈 지방까지 가톨릭을 전파했어. 1549년, 일본에 도착한 프란시스코 자비에르 신부는 일본에 최초로 가톨릭을 전파했고 수많은 교회를 세웠어.

전통적으로 불교 신자가 많았던 일본도 초기에는 비교적 큰 거부감 없이 가톨릭을 받아들였어. 특히 정치·경제적으로 실세였던 다이묘들은 가톨릭을 종교 차원이 아니라 신문물 수용에 더 큰 가치를 두고 받아들였지.

하지만 시간이 흐르면서 가톨릭은 하나의 종교로 자리 잡았고 가톨릭 신자들도 늘어났어. 자비에르 신부가 포교 활동을 펼친 규슈만 하더라도 최소 20만 명이 넘는 신도가 생겼어. 자비에르 신부의 일기에는 세례를 주느라 팔이 아팠다는 기록도 있어.

> **세례** 洗禮, baptism
> 가톨릭에 입교하기 위한 의식 중의 하나로 영세라고도 부름. 세례는 구원을 받기 위한 필수적인 과정으로 자기 신앙과 그리스도에 대한 믿음을 고백한 신자에게 주어짐. 일반적으로 물을 뿌리는 등 죄를 깨끗하게 하는 정화의식이 동반됨.

에도 막부를 세운 도쿠가와 이에야스는 가톨릭의 성장에 바짝 긴장을 했어. 기리시탄의 수가 늘면 서양이 일본을 손쉽게 점령할 거라고 생각했거든. 실제 일부 아프리카 식민지 역사는 종교를 앞세워 제국주의가 성장한 대표적인 예야.

"선교사들이 왔을 때 그들은 성경을, 우리는 땅을 가지고 있었다. '기도합시다'라고 해서 눈을 감았다가 떠 보니 우리는 성경을, 그들은 땅을 가졌다."

영국의 식민 지배를 받았던 케냐의 초대 대통령 조모 케냐타Jomo Kenyatta의 말이야. 아프리카 대륙을 식민지로 삼는 데 혈안이 된 유럽 열강들을 두고 한 말로, 당시 제국주의의 속성을 잘 드러내는 표현이지.

1612년 일본은 기리시탄 금지령을 내렸어. 이를 어기고 신앙을 버리지 않으면 목이 잘리는 참수형부터 화형, 십자가형까지 혹독한 형벌을 받아야 했지. 특히 산입山入이란 고문은 수많은 기리시탄이 신앙을 저버리게 만들었어. 섭씨 100도가 넘는 온천물에 사람을 집어넣는 끔찍한 고문이었거든. 뜨거운 물속에서 살이 녹아내리는 고통을 이기지 못한 많은 기리시탄이 배교를 선택했지.

기리시탄들은 공개적인 신앙생활이 어려워지자 불교 신자로 가장하기도 했어. 이들을 '숨다'라는 뜻의 '가쿠레'란 말을 앞에 붙여 '가쿠레 기리시탄'이라고 했지. 그러자 에도 막부는 이들을 가려내기 위해 예수나 마리아를 그린 성화를 밟고 지나가게 했어. 만약 기리시탄이라면 이를 거부하겠지. 또 설사 신분을 숨기고 성화를 밟는다고 하더라도 거짓말이 드러날까 긴장하거나 죄책감 때문에 고통스러워하는 모습을 감추기 어려울 거라는 생각에서 나온 방법이었어. 그야말로 육체적 고문을 넘어선 정신적인 박해였지.

이러한 박해를 받은 사람들 중에는 조선 사람들도 많았어. '임진왜란' 시기에 전쟁 포로가 되거나 납치돼 온 조선 사람들은 대부분 일본 사람들의 감시 속에서 농장의 노예로 고되게 살아가고 있었어. 이러한 사정을 알게 된 선교사들은 기금을 만들어 조선인 노예를 해방시켜 주었어. 자유를 찾은 많은 사람들이 가톨릭을 받아들였지. 아무리 유교와 불교 신앙이 두터운 조선 사람이라고 하더라도, 자유를 되찾아 준 이방인의 박애 정신에 마음을 돌리지 않을 수 없었던 거야.

임진왜란 壬辰倭亂

너무 익숙한 당신. 그래서 고쳐 쓰기 싫은 당신

임진왜란은 1592년 임진년에 시작해 7년 만에 끝난 일본과 조선 간의 싸움이야. 일본의 도요토미 히데요시는 조선이 정명가도征明假道를 거부하자 이를 빌미로 조선을 공격했어. 정명가도란 중국 명나라를 정벌할 테니 길을 빌려 달라고 한 요구를 말해.

'임진왜란'의 명칭에 대해서는 여러 견해가 있어. 우리나라에서는 임진년에 왜가 일으킨 난이라는 뜻의 '임진왜란'을 일반적으로 사용하고 있어. 그런데 『조선왕조실록』에는 임진왜란이라는 용어가 안 나와. 임진왜란은 이수광의 『지봉유설』에 처음 등장해. 『지봉유설』이 1614년에 완성되었으니, 임진왜란이라는 말은 전쟁이 끝난 후에 만들어졌다는 것을 알 수 있어. 또 일제강점기의 역사책에는 임진왜란을 임진난壬辰亂으로 기록했어. 왜倭라는 글자가 쏙 빠진 이유는 군이 말하지 않아도 짐작이 가지? 그러다가 해방 이후 1946년부터 임진왜란, 정유재란丁酉再亂이라는 용어가 부활했고, 학술 용어로 굳어지면서 오늘날까지 온 거야.

하지만 한편에서는 임진왜란이라는 명칭이 잘못됐다는 목소리를 내고 있어. 우선 임진왜란이 조선과 일본 간의 싸움뿐만 아니라 명나라까지 참전한 국제 전쟁이라는 점을 이유로 들고 있어. 난亂, revolt의 사전적 의미는 '정통 정부의 권위에 대한 비정통 집단의 도전 행위'야. 즉 난은 국내 세력끼리의 다툼이지 국가 간의 싸움이 아니라는 것이지. 따라서 '왜란'이 아니라 '국가 간의 군사적 충돌'을 뜻하는 '전쟁'으로 표기해야 한다는 거야.

그리고 임진왜란의 '왜'는 왜구를 나타내는데, 왜구는 일본 정부의 정식 군대가 아니기 때문에 이 명칭은 적절하지 않아. 왜구는 중국과 우리나라를 오가며 약탈을 일삼던 일본의 해적을 지칭하거든. 글자 그대로 해석하면 해적이 일으킨 난동 정도가 되니 이 또한 국가 간의 전쟁으로 보기 어렵지.

임진왜란이라는 용어는 조선의 소중화小中華 의식을 바탕으로 하고 있어. 소중화 의식이란 한족의 문화를 본받아 조선에 중국 문화를 잘 담아냈다고 자부하는 것을 말해. 즉, 조선은 스스로를 작은 중국이라고 여긴 거지. 중국 명나라가 자신들이 오랑캐라고 무시하던 여진족에게 무너지자 조선은 스스로를 중화中華의 계승자 자리에 올려놓았어. 중국은 중화 사상을 내세워 스스로를 세상의 중심이라고 칭하고 주변 국가들을 모두 오랑캐라고 칭하며 천시했어. 이러한 영향을 받은 조선은 일본을 마치 중국이 오랑캐를 보듯 했어. 그런데 그런 일본이 조선을 공격했으니, 자존심이 이만저만 상하는 게 아니었겠지. 게다가 전쟁의 피해 또한 만만치 않았으니 적개심은 이루 말할 수 없었지. 그래서 '왜란'이라고 해서 오 랑캐와도 같은 이들이 일으킨 난동 정도로 전쟁을 격하시킨 거야.

이러한 이유로 일부 학자들은 '조일전쟁'이나 '7년전쟁'으로 변경해서 사용해야 한다고 주장하고 있어.

그렇다면 전쟁을 일으킨 일본은 이 사건을 어떻게 부르고 있을까? 메 이지유신 이후 '조선정벌'이라는 용어가 일반적으로 쓰여. '정벌'이라는 말을 통해 일본이 이 사건을 자신들의 무력을 해외에 과시한 쾌거로 인 식하고 있다는 것을 짐작할 수 있어. 게다가 패전이 아니라 승리한 전쟁 으로 인식하고 있음도 알 수 있지.

서양에서는 일반적으로 'Hideyosi's Invasion of Korea(히데요시의 한국 침 략) : 1592~1598'이라고 써. 동일한 사건을 두고서 우리나라와 일본, 그리 고 서양이 다른 용어를 사용한다는 것은 시사하는 바가 커. 2006년에 개최된 〈임진왜란 : 조일전쟁에서 동아시아 삼국전쟁으로〉라는 학술 대 회에서는 임진왜란을 대체할 용어를 놓고 토론이 벌어졌어. 그 결과 임 진전쟁The Imjin War으로 하자고 결론을 맺었어.

이렇듯 역사 용어는 당시의 상황, 관련 나라의 입장과 역사의식을 담 고 있어. '6·25전쟁'도 오랫동안 골머리를 앓은 역사 용어 중 하나야.

6·25전쟁
아직 끝내지 못한 전쟁

6·25전쟁이라는 용어는 전쟁 발발 시점을 기준으로 만들어졌어. 1950년

6·25전쟁은 한국전쟁, 한국동란, 6·25동란, 6·25사변 등 여러 용어로 쓰이고 있음.

6월 25일 북한의 불법 남침으로 일어난 전쟁을 말하지. 그런데 외국에서는 일반적으로 한국전쟁Korea War이라고 써. 내전이라는 의미가 강하고 전쟁을 일으킨 주체가 불분명한 용어이지. 하지만 이러한 이유로 이데올로기적인 색채가 드러나지 않는 중립적인 명칭이라고 평가하기도 해. 그래서 가장 광범위하게 사용되고 있어. 2004년 교육과학기술부의 권고로 교과서에는 6·25전쟁이라고 표기해. 하지만 여전히 이 명칭을 놓고 의견이 분분해.

1945년 제2차 세계대전이 끝나면서 조선은 일본의 불법 점령으로부터 해방되었어. 하지만 카이로 회담에서 독립을 약속했음에도 미국과 소련이 한반도를 분할 점령하면서 국토가 분단되는 상황에 놓였지. 미국과 소련이 잠정적으로 그은 군사 분계선 북위 38도선은 결국 남과 북에 별개의 정권이 들어서면서 국경선이 되어 버렸어. 남한에는 선거를 통해 이승만 정권이 세워졌어. 북한에서는 김일성을 중심으로 조선민주주의 인민공화국을 선포했고 소련을 비롯한 여러 공산 국가들의 승인을 얻었지.

이후 꾸준히 군사력을 증대시킨 김일성은 무력통일안을 확정하고 1950년 6월 25일 남침을 단행했어. 그는 이 전쟁을 조선민주주의 인민공화국이 남한을 해방시켜 통일을 쟁취하기 위한 '조국통일 전쟁'이라고 방송했어.

정치가 불안정해 안보에 무방비 상태였던 남한은 철저하게 준비한 북한의 기습 공격을 받아 속수무책으로 당할 수밖에 없었어. 막강한 군사력을 내세운 북한은 사흘 만에 서울을 점령하고 한강을 넘어 파죽지세로 남으로 남으로 전진했어.

하지만 유엔군의 인천상륙작전으로 연합군이 서울을 다시 되찾으면서 북한의 병력은 남북으로 나뉘었고, 이를 기점으로 전세는 완전히 뒤집혀 연합군 쪽으로 기울기 시작했어. 압록강 전선까지 밀고 올라간 유엔군은 고향에서 크리스마스를 보낼 수 있다는 기쁨에 젖어 있었어. 남한의 이승만 정권 또한 북진이 계속되자 민족의 숙원인 통일이 바로 코앞이라고 믿고 있었지.

그러나 예상치 못한 중공군의 등장으로 전세는 다시 역전되었어. 중공군은 꽹과리와 북까지 동원해 무시무시한 인해전술을 펼치면서 연합군을 여러 번 궁지에 몰아넣었지. 북한군은 중공군의 원조를 등에 업고서 38도선을 향하여 다시 남진하기 시작했어.

사실 중공군의 참전은 사전에 막을 수도 있었어. 연합군이 38도선을 넘어 북진하자 중국은 미국에 여러 차례 경고를 했어. 미군의 북한 진입이 중국을 위협하는 것이기 때문에 방관하지 않겠다고 말이지. 중공군의 개입 가능성을 두고 트루먼Harry S. Truman 대통령과 맥아더Douglas MacArthur 장군 간 회담이 열리기까지 했어. 맥아더 장군은 중공군의 참전 가능성이 매우 낮다고 점쳤고, 참전한다고 해도 압도적인 공군력으로 충분히 막아 낼 수 있다고 낙관했어. 하지만 그의 예상은 완전히 빗나갔고, 미군 역사상 가장 긴 후퇴를 해야 했지.

어때? 그동안 알고 있던 맥아더 장군과는 조금 다르지 않아? 그는 우리나라와 중국에서 일본으로부터 아시아를 구한 영웅으로 대접받아 왔어. 하지만 그를 도쿄 대공습과 원자폭탄 투하로 수십만 명의 민간인을 죽인 살인마로 평가하는 사람도 있어. 또 맥아더 장군은 6·25전쟁 때 인천상륙작전을 성공적으로 이끈 연합군의 영웅으로 알려져 있지만, 그가

도쿄 대공습
제2차 세계대전이 막바지로 치닫던 1945년 3월, 전쟁의 조기 종결을 위하여 미군 폭격기가 도쿄 일대에 폭탄을 투하한 사건으로 사상자는 약 15만 명으로 추정됨.

유엔군 사령관으로 임명되자마자 중국과 북한 지역에 원자폭탄을 투하할 것을 주장했다는 사실은 잘 알려져 있지 않지.

우리는 맥아더 장군이 남긴 "노병은 죽지 않는다. 다만 사라질 뿐이다"라는 말을 멋지다며 치켜세워. 하지만 그 말은 맥아더 장군이 한반도의 휴전을 반대하고 중국 영토까지 전쟁을 확대하려다 해임된 후 남긴 말이라는 사실은 잘 모르지. 대통령의 원자폭탄 사용 권한을 자신이 넘겨받으려고 고집한 것도 해임의 원인이었어. 역사에 가정假定은 없지만, 만약 맥아더 장군이 하자는 대로 원자폭탄을 투하했다면 중국과의 전면전은 물론이고 제3차 세계대전까지 일어났을 가능성이 높아.

맥아더 장군은 우리나라 역사뿐만 아니라 세계사 가운데 재해석되고 재평가돼야 할 수많은 사건과 인물 가운데 하나에 불과해. 이와 더불어 '아나키스트'는 곧 테러리스트 terrorist라는 공식도 수정해야 할 역사의 한 부분이야.

역사 수정주의자
기존 역사적 사실에 의문을 제기하여 역사적 오류를 바로 잡으려는 사람들.

아나키스트 Anarchist
개인의 자유가 최상의 가치인 사람들

아나키스트란 아나키즘anarchism, 즉 무정부주의를 추종하는 사람을 뜻해. 아나키즘의 어원은 그리스어 '아나르코스'로 거슬러 올라가. 아나르코스는 '선장이 없는 배의 선원'을 의미해. 이때 배의 선장은 항해에 관한 모든 권한을 부여받은 권위자로 선원들 위에 군림하며 그들의 생명을 쥐고 있는 사람이야. 그러니 아나르코스는 권력과 통치력의 영향을 받지 않는 사람을 말하는 거지.

선장이 없으니 모든 상황에서 선원들이 머리를 맞대고 판단하고 그 결정에 대해 책임을 져야겠지? 사공이 많으니 배가 항로를 이탈해 산으로 갈 수도 있고, 짧은 항해를 길게, 수월한 항해를 어렵게 만들 수도 있겠지. 하지만 선원들 모두가 동의한 일에 대한 결과라면, 실패를 성장의 기회로 삼을 수도 있어. 한마디로 모든 억압을 부정하고 개인의 자유를 최고의 가치로 내세우는 것이 바로 아나키즘이야.

아나키즘에 의하면 국가, 곧 정부는 사람들을 억압하는 가장 대표적인 요소이지. 오쿠다 히데오의 소설 『남쪽으로 튀어』의 주인공은 이 부분을 명확하게 이야기하고 있어.

"이 나라에 태어나면 무조건 선택의 여지도 없이 국민으로서의 의무와 권리가 생긴다니, 이상하지 않아? 뭔가를 억지로 해야 한다는 건 지배를 받는다는 것과 같은 뜻이야."

양심적 병역 거부자는 넓은 범주에서 보면 아나키즘의 정신을 따른다고 볼 수 있어. 그들에게 국방의 의무란 자신이 합의하지 않은 강요인 거야. 자신은 근본적으로 전쟁을 반대하기 때문에 병역을 수행하지 않겠다는 결정을 내리고 국가를 상대로 맞서 싸우고 있는 거지. 그리고 그것으로 인한 여러 가지 불이익은 자신이 결정한 일에 대한 책임으로 감내하는 것이고.

러시아의 사상가 바쿠닌Bakunin은 '국가의 적'이라는 별명을 얻었어. 그는 국가가 없어져야 민중에 대한 억압과 착취가 사라진다고 보았거든. 국가는 소수가 다수를 지배하면서 유지되기 때문에 다수를 차지하는 민중이 노예 상태에서 벗어나기 위해서는 근본적으로 국가를 없애야만 한다는 거지.

바쿠닌은 '전쟁국가'라는 말을 통해 전쟁과 국가의 밀접한 연관성에 대해서도 설명했어. 국가는 권력을 유지하기 위해 경찰과 군대를 보유하고, 또 이를 유지하기 위해 세금이라는 이름으로 민중의 부를 착취해. 더 나아가 식민지를 개척하는가 하면 자신들에게 득이 되는 무역 질서를 강요하기 위해 전쟁도 불사하지. 그렇기 때문에 전쟁이 사라지기 위해서는 국가가 없어져야 한다는 거야.

가네코 후미코는 일본의 천황제 타도를 외친 아나키스트였어. 그녀는 모든 권력을 부정하고, 인간은 평등하며 자신의 뜻대로 살아가야 한다고 주장했어. 그리고 천황이라는 권력의 대표가 애국이나 여자의 순종 같은 덕목을 강요하며 불평등을 조장한다고 보았어. 그런 그녀가 아나키스트로서 행동에 나선 것은 한국인 박열과의 만남이 계기가 되었어. 일본 제국주의 타도를 외친 아나키스트 박열은 3·1운동 이후 활동 근거지를 일본으로 옮겼고 거기서 가네코 후미코를 만났어. 박열 입장에서 일본은 바쿠닌이 말한 '전쟁국가' 그 자체였어. 박열과 가네코 후미코는 동지적 연애를 하며 동거에 들어갔어. 두 사람은 불령사不逞社라는 단체를 만들고 폭탄을 입수하려다 일

박열과 가네코 후미코. 옥중에서 찍은 사진으로 일본에 큰 파문을 일으켰다.

본 경찰에게 검거되었어. 결국 황태자 히로히토를 폭탄으로 살해하려 했다는 죄목으로 사형 판결을 받았지. 이후 천황의 사면으로 무기징역으로 감형되었지만 가네코 후미코는 옥중에서 자살했어.

아나키즘은 인간의 본성에 대한 신뢰를 바탕으로 출발해서 인간은 진보할 수 있다는 확신과 실천을 중요시해. 이러한 이유로 아나키스트라고 하면 주로 독립운동가나 혁명가들을 쉽게 떠올려. 그들은 국가, 곧 정부의 영향력을 벗어나 독자적으로 독립과 혁명을 선택하고 이를 실천에 옮기는 사람들이니까. 그런데 문제는 이들의 다양한 실천 양식 가운데 하나인 '테러'에만 집중한 나머지 아나키스트는 곧 테러리스트라는 공식이 만들어졌고, 많은 사람들이 그 공식을 신뢰하고 있다는 거야.

아나키즘은 무차별적인 테러를 옹호하지 않아. 전쟁터에서 국가, 곧 정부가 불특정 다수를 대상으로 폭탄을 던진다면, 아나키스트들은 전쟁을 유발한 국가, 곧 정부를 움직이는 수뇌부를 대상으로 폭탄을 던진다고 할 수 있어. 만주 하얼빈 역에서 이토 히로부미를 향해 총을 쏜 안중근 의사를 테러리스트로 규정하고 비난할 수는 없을 거야.

그럼에도 아나키스트에 대한 부정적인 이미지는 좀처럼 사라지지 않고 있어. 공무원을 국가의 앞잡이로 매도하거나 주민등록증을 자르고 세금 납부를 거부하는 등의 극단적이고 분별없는 행동을 아나키즘이라고 착각하기 때문이지. 물론 아나키즘에도 단점은 있어. 아나키스트들이 국가나 정부를 부정한다는 측면에서 보면 외부에서 누군가 침략할 때 문제가 생겨. 국가의 조직적인 군대가 없으니 외부의 침략에 무방비 상태가 되는 거지. 이럴 때 아나키스트들은 어떻게 할까? 분명 침략군에 맞서 끝까지 싸우기 위한 직접 행동에 돌입할 거야. 침략군을 조종하고 있는 배후를 제거하기 위한 계획을 세울지도 모르지. 또 침략군에게 이렇게 호소할지도 몰라. 당신들은 소수 지배자들의 이익을 위한 소모품에 불과하다고.

현실에 대처하는 사람들의 모습은 크게 둘로 나눌 수 있지 않을까? 아나키스트처럼 직접적인 행동을 통해 현실을 적극적으로 바꾸려는 편과 현실을 인정하지 않거나 도피하려는 편으로 말이야. 중국 역사에 등장한 '죽림칠현'은 현실 도피를 통해 문제를 해결하려는 편에 속해.

죽림칠현 竹林七賢

주머니 속의 송곳처럼 깊숙이 숨을수록 그 존재가 드러나는 사람들

죽림칠현은 중국 위나라 말기(3세기 중반)에 속세와 담을 쌓고 자연을 벗 삼아 세월을 보낸 일곱 명의 선비를 가리켜. 거문고를 튕기고 술을 마시며 세상에 등을 돌린 채 살았지. 그들은 당대 최고의 지식인으로 출세가 보장돼 있었어. 하지만 최고 권력자들의 구애를 뿌리치고 달아났어. 왜 그들은 스스로 안정된 삶을 포기했을까? 말하자면 소위 철밥통이 보장된 공무원 자리를 마다한 거잖아. 특히 오늘날 살인적인 경쟁률을 자랑하는 공무원 시험을 준비하는 청년들이라면 납득하기 어려울 거야. 하지만 그럴 만한 이유가 있었어. 죽림칠현의 등장 배경을 알기 위해서는 당시의 정치 환경을 살펴봐야 해.

> **철밥통**
> '철로 만든 밥통', 즉 '깨질 염려가 없는 밥통'을 의미하는 말로 안정적이고 해고의 염려가 없는 직장을 비유적으로 이르는 말. 특히 정리해고나 부도 걱정이 없으며 퇴직이 보장되는 공기업이나 교직 관련 종사자를 다소 부정적으로 말할 때 사용됨.

조조, 손권, 유비가 활약하던 삼국시대의 최후 승자는 조조였어. 조조의 아들 조비는 삼국을 통일하고 위나라를 세워 초대 황제가 되었어. 하지만 조씨 가문의 위나라는 그리 오래가지 못했어. 심복이던 사마씨 가문이 정권을 빼앗고 진나라를 세웠거든. 그야말로 믿는 도끼에 발등이 찍힌 셈이었지.

그런데 위나라 말기, 조씨과 사마씨는 권력투쟁에서 승리하기 위해 인재를 불러 모았어. 당시 지식인들은 어느 가문에 줄을 서느냐에 따라 목숨이 왔다 갔다 하는 선택의 갈림길에 서 있었어. 이때 줄서기에 몰두하는 지식인들이 있는가 하면, 온갖 계략이 넘쳐 나는 정치판에 등을 돌리는 이들도 있었어. 그들은 멀찌감치 서서 사회를 풍자하거나 방관자적인 태도를 취하

면서 정치에는 관여하지 않았어. 이러한 지식인들 가운데 대표적으로 유명한 7인이 바로 죽림칠현이야. 산도, 혜강, 완적이 핵심 인물이고 유영, 완함, 향수, 왕융은 후에 포함되었지.

하지만 유능한 사람은 숨어 있어도 그 존재가 드러나는 법이야. 조씨와 사마씨는 죽림칠현에게 끊임없이 러브콜을 보냈어. 하지만 그럴수록 죽림칠현은 더 깊은 대나무 숲으로 숨어 들었지.

대나무숲에 앉아 한가롭게 노니는 7명의 현자들. 그들의 모습이 부러웠는지 한 사람이 기웃거리고 있다.

죽림칠현은 각자의 색깔도 장단도 달랐어. 우선 혜강은 부러질지언정 휘어지지 않는 대나무처럼 꼿꼿한 기상을 자랑했어. 그는 진나라를 세운 사마씨의 회유를 뿌리치다가 모함을 받아 목숨을 잃어. 이 때문에 혜강은 불의와 타협하지 않는 참 선비의 대명사가 되었지. 혜강은 죽기 전 사마씨로부터 관직을 제안받은 적이 있는데, 자신을 사슴에 빗대어 거절을 한 것으로 유명해. 사육하면서 길러진 사슴은 목줄에 적응하겠지만 붙잡힌 사슴은 절대 굴하지 않고 목줄을 끊으려 한다고 했어. 사슴에게 황금 모자를 씌워 주고 맛있는 음식을 차려 줘도 숲 속의 향기로운 풀들을 그리워할 거라고 하면서, 구속을 거부하고 자유를 향한 자신의 의지를 보여 주었어.

속세의 예법을 따르지 않고 자유분방하게 사는 것도 죽림칠현의 특징 중의 하나였어. 완적은 백안시白眼視로 유명한 인물이야. 그는 속되고 교만한 인물을 만나면 흰자위를 드러내며 눈을 희번덕거렸다고 해. 반면에 겸손한 사람을 만나면 청안靑眼, 즉 맑은 눈으로 대했다고 하지. 선비가 눈을 희번덕거리는 것은 당시 예법에 의하면 있을 수 없는 일이었어. 그런데 만약 완적이 타임머신을 타고 지금 이곳으로 온다면 어떨까? 아마도 완적의 백안시를 원없이 볼 수 있지 않을까?

고려 역사에도 죽림칠현과 같은 이들이 있었음. 정중부의 난으로 무신들이 정권을 잡자 머리를 깎고 중이 된 이인로가 대표 인물. 무인들 위주의 문란한 국정 운영이 지속되자 시와 술로 세월을 보냄. 이인로와 비슷한 처지의 문인들이 마침 일곱 명이어서 죽림칠현을 본떠 해좌칠현(海左七賢)이라고 부름.

유영은 중국 역사상 가장 유명한 애주가야. 술을 물처럼 마신 유영은 술병을 끼고 살았지. 오죽하면 하인에게 삽을 들고 따라다니게 하면서 자신이 죽으면 그 자리에 묻으라고 했겠어. 이 또한 최고의 학식을 갖춘 선비의 일반적인 모습과는 거리가 있지?

죽림칠현의 도피적인 행동이나 기묘한 처세를 지식인으로서의 역할을 제대로 수행하지 않은 것으로 볼 수도 있을 거야. 이들과 달리 권력을 적극적으로 비판하다 옥사를 치른 사람들도 적지 않았으니까. 또 '분서갱유' 때와 같이 금서를 소장하거나 유학을 추종한다는 이유로 목이 달아나기도 했지.

하지만 죽림칠현의 행동을 부패한 정치 집단에 대한 지식인들의 소극적 저항이자 정치적 압력을 가한 행동으로 보는 시선도 있어. 죽림칠현은 오래지 않아 목숨을 잃거나 회유되면서 흩어졌지만 그들의 일화는 후세들에게 많은 교훈거리를 던져 주고 있어.

분서갱유 焚書坑儒

진나라 시황제의 극악무도한 정치 스타일

분서갱유는 진나라 시황제 시대에 서적을 불태우고 유학자들을 생매장한 사상 탄압 정책이야.

진나라의 통치 이념은 법가法家 사상이었어. 법가는 예禮와 도道보다도 엄격한 원칙과 법의 잣대를 따르는 법치를 강력히 주장했기 때문에 이를 비판하는 어떤 학문과 사상도 용납하지 않았어. 특히 선왕先王의 도와 예를 내세워 현실 정치를 비판하는 유가儒家 사상을 배척했지.

시황제 34년, 전국에서 박사 70여 명을 초청한 연회가 궁궐에서 열렸어. 분위기가 무르익자 박사 주청신은 지방까지 황제가 직접 다스리는 군현제의 실시를 찬양하기 시작했어. 그러자 박사 순우원이 중앙집권적인 군현제를 강력히 비판하며 이전의 봉건제로 돌아가야 한다고 반박했

군현제
지방을 군과 현으로 나누어 관리를 파견하는 제도로, 진나라 시황제가 봉건제를 폐지하고 처음으로 실시함. 이로써 왕이 지방까지 직접 다스리는 중앙집권체제의 기초가 다져짐.

어. 시황제는 이날의 논쟁을 공론화했지. 하지만 법가 사상으로 무장하고 있던 승상 이사는 봉건제의 부활을 강력히 반대했어. 그리고 더 나아가 이 논쟁을 유가 세력을 완전히 제거하고 향후 법가 사상을 비판할 여지가 있는 모든 사상의 불씨까지 원천 봉쇄하는 기회로 삼았어. 곧 분서焚書 조치가 내려졌어. 법가 사상을 비판하는 서적은 기본이고 나라 전체의 모든 책을 30일 내에 관에 신고하고 불태우게 한 거야. 단 진나라 역사와 의술, 점복占卜:점치는 일, 농업 관련 서적은 제외했어. 이를 어겼을 때에는 만리장성 건설 현장에서 4년 동안 부역형을 살아야 했고, 옛 왕조의 사상이나 제도를 입에 올리면서 현실 정치를 비판하는 것도 엄격히

단속하고 벌을 내렸어.

분서 조치로 인해 수많은 역사 자료들이 한 줌 재로 사라지고 말았어. 그러나 유가 사상을 따르던 지식인들의 군현제 비판과 시황제에 대한 원망의 목소리는 사라지지 않았어. 결국 분서 조치가 내려진 이듬

분서갱유를 시행하는 장면. 수많은 책들이 불타고, 오른쪽에는 사람들이 땅에 묻히는 장면이 그려져 있다.

해 인내심이 바닥난 시황제는 군현제에 반대한 유생 460명을 체포해 산 채로 땅에 파묻는 갱유坑儒를 시행했어.

그렇다면 과연 분서갱유로 시황제는 더 강해지고 진나라는 장수했을까? 갱유가 일어나고 2년 후 시황제는 객사했고, 그로부터 3년 뒤 진나라는 멸망하고 말았어. 분서갱유는 지식과 문화를 짓밟으며 사상을 통제한 권력의 말로를 상징적으로 보여 주고 있지.

그야말로 권불십년權不十年이지. 어떤 권력도 10년을 가지 못한다는 말이야. 반면 글이나 책은 수십 년, 아니 수백년 동안 이어져. 비록 당시에는 금서禁書로 낙인 찍혀 천대와 학대를 받은 경우라도 말이지. 조선에서 유행한 『정감록』은 단속하면 할수록 인기몰이를 한 대표적인 금서야.

정작 진나라를 무너뜨린 것은 지식인들이 아니라 세상을 호령하며 누비던 유방과 항우였음.

81

정감록 鄭鑑錄
언젠가는 적중할 가능성이 높은 예언서

『정감록』은 조선시대 백성들 사이에서 크게 유행했던 일종의 예언서야. 조선 왕조의 미래를 예언한 『정감록』은 당시 권력층을 크게 자극했어. '조선 왕조가 곧 망하고, 정씨가 계룡산에 도읍을 세운다'는 예언을 담고 있었거든.

『조선왕조실록』에는 서북 변방 사람들이 『정감록』을 서로 널리 전했다고 기록하고 있어. 그래서 조정에서는 그 책을 불살라 금지시키기를 청했지. 서북 지방이라면 함경도와 평안도를 가리키는데, 왜 유독 그 지방에서 유행한 걸까? 조선시대 서북 변방은 악명 높은 유배지였어. 정치적 생명을 잃고 귀양 온 정치가들은 현실 정치에 대한 불만이 이만저만이 아니었을 거야. 게다가 조선 왕조는 서북 지방의 문인들을 등용하지 않았어. 차별 정책을 펼친 거지. 그러니 조선 왕조의 전복을 예언한 『정감록』이 유행한 것은 어쩌면 당연한 일이었어.

그렇다면 『정감록』은 조선 왕조의 미래를 어떤 식으로 예언했을까. 『정감록』에는 이런 내용이 나와.

"한융공에게 아들 셋이 있는데 큰아들은 일찍 죽고, 둘째 이심李沈과 셋째 이연李淵이 정감鄭鑑이라는 사람을 만나 팔도를 두루 다니었다. 정감은 사마휘나 제갈공명보다 더 나은 사람이었다."

예부터 3은 완전한 수를 의미해. 중국에서는 세 발 달린 솥을 뜻하는 정鼎을 왕조의 상징으로 보았어. 즉 세 발 솥은 안정적인 권력을 뜻했지. 그런데 『정감록』에 등장하는 이씨 삼형제 가운데 장남이 일찍 죽었으니,

이것은 흉조일 수밖에. 세 발이 지탱하던 솥이 발 하나를 잃으면 제대로 서 있을 수 없으니까. 삼형제 가운데 하나가 일찍 죽었다는 것은 건국부터 불완전하게 출발한 이씨 왕조 조선을 비유한 거라고 볼 수 있어.

등장인물의 이름만 살펴보더라도 심상치 않아. 이씨 성의 인물 심沈과 연淵은 모두 물 수水 변을 지닌 '물'이라는 뜻이야. 반면 정씨 성의 인물 감鑑은 거울을 뜻해. 그런데 청동기 시대에 거울은 제사장이나 왕의 상

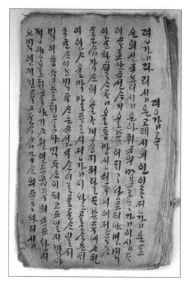

| 한글로 필사된 정감록.

징이었어. 따라서 정감이 이심이나 이연보다 능력이 뛰어남을 나타내는 거라고 해석할 수 있어.

인물이 등장하는 순서도 주목할 필요가 있어. 이씨가 소개된 다음 정씨가 나오잖아. 이것은 먼저 들어선 이씨 왕조를 멸망시킬 인물이 정씨라는 것을 암시하는 거지. 정씨가 발 하나가 없어 불완전한 세 발 솥을 완성시키는 새로운 발이라는 거야.

그렇다면 정씨는 도대체 누구일까? 이성계의 아들 이방원은 고려의 마지막 충신 정몽주를 제거하고 조선을 세웠어. 조선 왕조의 설계자라 할 수 있는 정도전도 이방원의 손에 죽었지. 『정감록』은 이렇게 충신과 조력자까지 제거하고 문을 연 조선을 비판하면서 그들의 손에 희생된 정씨의 세상이 다시 올 거라고 예언하는 것으로 보여.

『정감록』이 한창 읽히던 당시에는 유비의 오른팔이었던 제갈공명보다 뛰어난 정씨가 다스리는 세상을 기다리고 믿는 사람들이 많았어. 충청남도 계룡산 일대를 비롯해 전국 곳곳에 감록촌鑑錄村을 만들어 살기까지 할 정도였지.

『정감록』은 1992년 대통령 선거에서도 이슈가 되었어. 당시 현대의 창업주 고故 정주영 회장이 대선에 출마했는데 한 언론은 '신新 정감록'이라는 헤드라인의 기사를 내 보냈어. '정씨 세상'이 올지 점쳐 보자는 내용이었지.

『정감록』은 조선 영조 시대에 등장한 이래 민간에 유행하는 예언서를 일컫는 일반 명사로 굳어 지금도 사용되고 있어. 하지만 예언서는 예언서일 뿐이야. 조선은 정씨가 아닌 일본에 의해 막을 내렸고, 대한민국 정부 수립 이후 정씨 성의 대통령은 아직 나오지 않았으니까. 물론 언젠가 정씨 성의 대통령이 나올지도 모르지. 사실 성씨는 중요하지 않아. 성씨가 뭐든간에 나라를 잘 다스려 줄 대통령이 나오기를 바랄뿐이지.

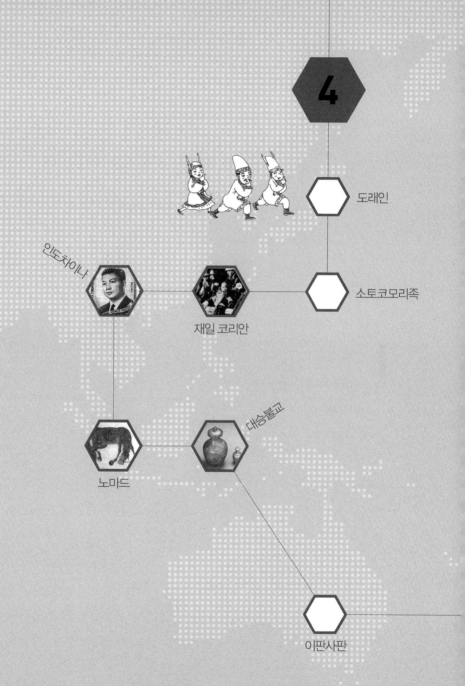

4

도래인

소토코모리족

인도차이나

재일 코리안

대승불교

노마드

이판사판

도래인 渡來人

고대 일본을 만든 숨은 주역들

도래인이란 AD 5세기~6세기에 바다를 건너 일본으로 간 사람들을 말해. 한반도에서는 삼국(고구려, 백제, 신라)이 한강을 사이에 두고 치열한 전투를 벌이던 시기에 많은 사람들이 일본으로 건너갔어. 또 중국 대륙에서도 북방 선비족이 화북 지방을 점령하자 많은 한족들이 일본행을 택했지. 이렇게 한반도와 중국 대륙에서 일본 열도로 건너간 사람들을 도래인이라고 불러. 이들은 일본에 선진 문물을 전파했을 뿐만 아니라 정치, 경제, 사회, 문화 전반에 걸쳐 영향을 주었어.

한반도에서 건너간 도래인 가운데에는 백제인이 많았어. 백제는 일찍부터 일본과 외교를 맺고 교류가 활발했어. 물자와 문물뿐만 아니라 3년

마다 정기적으로 오경박사를 파견하기도 했어. 백제는 각 분야 전문가에게 박사라는 호칭을 주었는데,『주역』,『시경』,『서경』,『예기』,『춘추』이 다섯 경전에 능통한 사람을 오경박사 伍經博士라고 하여 귀하게 여겼어. 이들은 일본의 왕족과 귀족에게 한자와 유교를 가르쳤지.

660년 백제가 멸망하고, 신라와 당나라 연합군은 백제의 수도 사비성을 일주일 동안 불태웠어. 그래서 지금은 백제의 흔적을 찾기 어려워. 당시 나라를 잃고 일본으로 건너가 정착한 백제 사람들이 있는데 이들 역시 도래인이야. 일본 곳곳에 남아 있는 그들의 흔적을 통해 희미하게나마 백제의 자취를 엿볼 수 있어.

'구다라나이'라는 일본말이 있어. '시시하다, 별 볼 일 없다'라는 뜻인데 백제 百濟를 뜻하는 '구다라'와 '아니다'라는 뜻의 '나이'가 합쳐져 만들어졌어. 백제 것이 아니면 시시하고 별로라는 의미니까 그만큼 백제 문화

가 일본 사람들에게 인기가
많았다는 것을 짐작할 수 있
지. 또 일본에는 백제역驛, 백
제사寺, 백제촌村 같은 우리
나라에서 유래한 이름이 많
이 남아 있어.

| 일본 오사카에 있는 백제역 앞을 알리는 표지판.

『신찬성씨록』이라는 일본
고대 왕실의 족보가 있어. 이 책에 수록된 전체 성씨의 30퍼센트에 이르
는 수의 성씨가 고구려, 백제, 신라에서 건너간 이들의 성씨라고 해. 일본
고대 국가의 형성과 발전에도 도래인이 영향을 끼쳤다는 사실을 뒷받침
해 주지.

민족 이동의 사례는 유럽에서도 찾아 볼 수 있어. 아일랜드 사람들은
1840년대에 기근을 피해 미국과 캐나다 땅을 밟았어. 당시 아일랜드는 영
국의 지배 아래 있었어. 오랫동안 영국이 곡물과 식량을 빼앗아 가자 아
일랜드 사람들은 굶주림에 시달려야 했지. 이러한 상황 속에서 감자가 전
해졌고, 아일랜드 사람들은 값이 싸고 굽기, 삶기, 튀기기 등 다양하게 조
리할 수 있는 감자의 매력에 푹 빠져 들었지. 아일랜드 농부들은 다른 농
작물 재배를 그만두고 감자 심기에 온 힘을 기울였어. 그런데 1847년 이
른바 감자 마름병이라는 전염병이 아일랜드를 뒤덮었어. 이름 그대로 감
자의 줄기와 잎사귀가 모두 말라 버렸어. 이 무서운 병은 엄청난 대기근
을 가져왔고, 100만 명의 목숨을 빼앗아 갔어. 그리고 약 350만 명이 전염
병과 굶주림을 피해 미국과 캐나다행 배에 올랐어. 이 시기에 이주한 아
일랜드 사람들을 조상으로 둔 아일랜드계 미국인은 오늘날 수천만 명에

이르고 있어.

민족의 이동에는 기후도 중요한 원인으로 작용해. 유목민들은 말이나 낙타를 먹이려고 초원을 따라 끊임없이 이동해. 그들은 가축에서 얻는 젖, 가죽, 고기, 분뇨 등을 이용해 살아가지. 즉 가축이 잘 살 수 있는 곳이 곧 삶의 터전인 셈인 거야. 그러다 보니 유목민의 침략 역사는 풍요로운 땅을 얻기 위한 역사와 결을 같이하고 있어. 실제로 기후학자들이 수천 년간의 기온을 분석한 결과 기온이 평년보다 떨어졌을 때 북방 유목민의 침략이 잦았다고 해. 가축을 먹일 풀이 풍부한 따뜻한 초원과 땅을 찾아야 했을 테니까.

이렇게 사람들이 집단으로 이동하면 자연스레 문화도 전파되기 마련이지. 도래인은 일본에 유교, 불교, 한자, 율령 등을 전했어. 이러한 것들은 동아시아 문화권에 속한 나라들의 공통분모이기도 해. 그러니까 도래인은 동아시아의 다양한 문화를 공유하는 데 접착제 같은 역할을 했다고 볼 수 있어.

> **율령**律令
> 국가를 다스리는 데 이용된 법으로, 획일적인 통치 기준의 필요성에 의해 만들어짐. 율은 범법 행위를 처벌하는 법률이고, 령은 국가 운영과 통치를 위한 행정 법령임.

그런데 최근 일본에는 도래인과는 반대로 일본을 떠나는 젊은이들, 소위 '소토코모리족'이 늘어나면서 사회 문제로 대두되고 있어.

▌소토코모리족

▌ 바다 밖으로 나간 은둔형 외톨이

소토코모리족이란 밖外을 뜻하는 '소토'와 '틀어박히다'란 의미의 '코모

루'가 합쳐진 말로, '외국에 틀어박혀 있는 족속'이란 뜻이야. 소토코모
리족 대부분은 안정된 직업이 없는 젊은이들이야. 이들은 보통 3~4개
월 동안 아르바이를 해서 돈을 모아, 태국의 방콕이나 캄보디아의 프놈
펜, 터키의 이스탄불 등 생활비가 싼 나라로 건너가 8~9개월 동안 머물
러. 그러다가 생활비가 떨어지면 일본으로 돌아와 돈을 벌고 다시 나가
기를 몇 년씩 반복하지.

　소토코모리의 어원은 '밖으로 나오려 하지 않는다'는 의미의 히키코모
리(은둔형 외톨이)야. 그래서 소토코모리를 '밖으로 나간 히키코모리'라고
부르기도 하지.

　소토코모리족의 증가는 곧 일본 사회에 실망한 젊은이들의 증가로 볼
수 있어. 일본 정부의 성장 위주의 경제 정책은 국가 경제를 탄탄하게 지

탱해야 할 중산층을 무너뜨렸고, 부의 대물림은 계층의 양극화 현상을 가져왔어. 이러한 사회 구조에서는 부를 가진 자가 학력을 비롯해 모든 사회적 기회에 있어 유리한 고지를 점령하기 때문에 그렇지 못한 사람들에게는 디딜 땅이 점점 없어져. 또 경제 불황으로 극심한 취업난에 시달리면서 무수한 젊은이들이 취업을 포기하고 빈둥거리더니, 결국 소토코모리족이 등장하기 시작한 거야.

일본은 예전에도 청년 취업난이 심각했던 적이 있어. 1929년 대공황의 여파로 기업들이 줄도산을 했을 때였지. 일본 최고의 명문대인 도쿄대학교 졸업생의 취업률이 30퍼센트 정도밖에 되지 않았으니까. 대학을 졸업하면 엘리트 계층이 되고 취업에는 문제가 없다던 인식이 자취를 감췄고, 많은 대학생들이 졸업과 동시에 실업자가 됐어. 일본 영화계의 거장으로 불리는 오즈 야스지로 감

| 〈대학은 나왔지만〉 영화 포스터.

독이 당시 대학 졸업생들의 취업난을 배경으로 〈대학은 나왔지만〉이라는 영화를 만들 정도로 청년 실업은 심각한 사회 문제였어.

요즘 같으면 우리나라에서도 〈대학원은 나왔지만〉, 〈박사 학위는 땄지만〉이라는 영화가 나올 법 해. 대한민국은 지금 갈 곳 없는 석사와 박사가 넘쳐 나는 학력 인플레 세상이니까.

소토코모리족처럼 사회 구성원으로 역할과 기능을 제대로 수행하지 못하는 젊은이들은 전 세계적으로 늘어나고 있어. 영국에는 키퍼스 KIPPERS : Kids in Parent's Pockets Eroding Retirement Savings라고 불리는 젊은이들이

있어. 이들은 취업을 포기하고 부모가 받는 연금에 기대어 살아가지. 캐나다에서는 직장 없이 이리저리 떠돌다 집으로 돌아오는 부메랑 키즈 boomerang kids가 있어. 부모의 품을 잠시 떠났다가 돈이 떨어지면 금세 되돌아오는 철없는 젊은이들이지. 우리나라에도 취직을 하지 않거나 취직을 했는데도 부모에게 기대어 사는 젊은이들을 '캥거루족'이라고 불러. 성인으로 성장한 후에도 부모로부터 독립하지 못하는 것을 캥거루에 빗댄 거지.

아무리 방랑 생활이 좋다고 해도 소토코모리족이 영원히 그 생활을 즐길 수는 없어. 나이가 들면 돈을 벌기 어려워지고 어느 나라든 물가는 오르기 때문이야. 무엇보다 더 큰 문제는 방에 틀어박혀 살던 이들이 사회에 정상적으로 복귀하기 어렵다는 점이지. 정부 차원에서는 이들이 자립할 수 있는 다양한 일자리를 만들고, 젊은이들은 이에 맞춰서 눈을 조금 낮추는 것이 문제 해결의 한 방법이 될 수 있을 거야.

소토코모리족은 자발적으로 자신의 나라를 떠나 타국에 머물지만, 본인의 의사와 무관하게 타국에서 살 수밖에 없는 이들도 있어. '재일 코리안'이 바로 그들이야.

▍재일 코리안
▍'빼앗긴 들'에 봄은 왔건만 일본에 남기로 결정한 사람들

19세기 후반, 일본은 메이지유신으로 근대화에 성공하고 제국주의적인 대외 진출에 박차를 가했어. 그 결과 청일전쟁과 러일전쟁의 승전국으로

막대한 전쟁 배상금의 수혜자가 되었지. 이때의 배상금은 군비를 확대하고 각종 산업 설비를 확충해 근대 공업화의 기틀을 마련하고 발전시키는 데 사용되었어. 그리고 제1차 세계대전에 연합국 편으로 참전해 또다시 승전국이 되었지. 연이은 전쟁의 승리로 일본의 국고는 가득 찼어. 전쟁으로 부를 얻고, 그 부를 가지고 또 다른 전쟁을 준비하고 참전하는 이같은 흐름이 반복되면서 일본의 군국주의가 탄생했지.

그러는 사이 조선은 일본의 식민지가 되었어. 일본은 국내 산업이 눈부시게 성장하자 식민지를 원자재와 노동력의 공급처로 주목했어. 이때 많은 조선 사람들이 일본으로 건너갔어. 식민지로 전락한 땅에서 일본의 압제와 착취에 시달리느니 일본행을 선택하는 것이 낫다고 판단한 거지.

> **군국주의**軍國主義, militarism
> 군사력에 의한 국위 신장과 대외 발전을 국가의 주요 목표로 두고, 전쟁과 그 준비를 위한 정책이나 제도를 국민 생활에서 최상위에 놓고 정치·문화·교육 등 모든 생활 영역을 이에 종속시키려는 사상과 행동 양식.

이렇게 일제강점기에 일본에 정착한 조선 사람들을 재일 코리안 1세대라고 해. 우리나라에서는 재일교포라고도 하지. 재일 코리안 1세대는 경상도 출신이 가장 많고 그다음은 제주도 출신이 많아. 1923년에 제주도와 오사카, 부산과 시모노세키를 잇는 직항로가 만들어졌기 때문이야. 지금도 오사카에는 코리아 타운을 중심으로 재일 코리안들이 많이 살고 있어.

초기의 재일 코리안은 유학생이나 산업 노동자들이 대부분이었어. 하지만 점차 자발적 의사가 아니라 강제로 일본 땅을 밟은 이들이 주를 이뤘고, 그 숫자가 기하급수적으로 증가해 200만 명에 이르렀어. 일본이 중일전쟁을 일으키면서 식민지 조선에 총동원령을 내렸고 강제 징용으로 일본의 광산과 군대로 조선 사람들을 끌고 간 결과였어.

광복을 맞자 수많은 재일 코리안이 귀국선에 몸을 실었어. 그러나 60

만 명 정도는 일본에 남아 재일 코리안 사회를 형성했어. 그들이 고향의 품으로 돌아오지 못한 데는 여러 가지 이유가 있지만, 그 가운데 하나는 일본 정부의 규제 때문이었어. 일본을 떠나면서 가져갈 수 있는 재산을 1천 엔으로 제한한 규제였지. 당시의 1천 엔을

일본에 외국학교 폐쇄령이 내려졌을 당시의 사진. 재일 코리안들이 다니는 학교에 경찰이 들이닥쳐 학생들을 내동댕이치고 있다.

지금의 원화로 환산하면 30~40만 원 정도야. 재산이 많은 사람일수록 귀국을 선택하는 게 쉽지 않았을 거야. 또 어수선하고 불안정한 한국의 상황도 귀국을 막는 큰 장애물이었을 테고.

　어찌됐든 마지막까지 일본에 남기로 결정한 재일 코리안은 일본인으로 귀화하든지, 조선 국적을 유지하면서 외국인으로 살든지 둘 중 하나를 선택해야 했어. 광복했는데 왜 조선 국적을 사용하냐고? 그 이유는 광복 후 3년이 지난 1948년에야 남한과 북한에 정부가 세워졌기 때문이야. 정부 수립 이전이었기 때문에 조선이란 국호를 사용할 수밖에. 남·북한 정부 수립 이후에도 남·북한 국적 중 하나를 선택하지 않을 경우 조선 국적으로 남을 수 있었어. 조선 국적을 택한 이들은 일본과 한국, 어느 쪽에도 속하지 못하는 녹록치 않은 삶을 살아야 했어. 일본에서는 조센징이라 불리며 영원히 식민지 그늘 속에서 아픔과 한을 감내해야 했고, 우리나라에서는 '반 쪽발이'라는 무시를 받으면서 차별을 감당해야 했

조센징朝鮮人
조선인 또는 한국인을 뜻하는 일본어 명칭으로 일제강점기 이후 한국인을 업신여기는 단어로 쓰임. 반대로 쪽발이는 한국인이 일본인을 낮잡아 부르는 말.

거든. 이러한 대우를 예상하면서도 이들이 조선 국적의 재일 코리안으로 살기를 선택한 이유는 자신의 정체성과 한민족에 대한 자긍심을 잃지 않기 위해서였어.

북한 축구 국가대표팀의 정대세 선수는 재일 코리안 3세야. 그는 한국 국적의 아버지와 북한 국적의 어머니 사이에서 태어났고, 일본 법률에 따라 아버지의 국적을 이어받았지.

국제축구연맹FIFA은 국적이 달라도 여권이 있으면 그 나라의 선수로 인정해 줘. 그렇기 때문에 북한 여권을 갖고 있는 정대세는 한국 국적이지만 북한 쪽 대표팀으로 출전할 수 있었던 거야. 2010 남아공 월드컵 북한과 브라질의 예선 경기가 시작되기 전, 북한 국가가 울려 퍼지자 눈물을 흘리던 그의 모습은 전 세계 전파를 타고 퍼졌어. 일본에서 태어났는데 한국 국적을 갖고 북한 대표팀의 선수로 서기까지 그가 겪었을 정체성의 혼란과 심리적인 고통을 짐작할 수 있는 장면이었어. 그리고 그것은 지금도 부모 세대의 상처를 고스란히 껴안고 사는 재일 코리안 2세, 3세들의 모습이기도 했어.

그런데 이러한 전쟁의 아물지 않는 상처는 '인도차이나' 사람들에게도 남아 있어.

인도차이나 Indochina
프랑스 식단에 올라온 나라들

인도차이나는 인도와 중국 사이에 위치한 나라들을 통틀어 가리키는

말이야. 일반적으로 프랑스의 식민지였
던 베트남, 라오스, 캄보디아를 의
미하지. 이 말은 제국주의 열
강이 아시아 식민지를 개
척하는 와중에 생겼기 때
문에 부정적인 의미를 지
니기도 해.

내 거야, 다 먹을 거야…

떠날 준비나 하셔!

베트남
라오스
캄보디아

    프랑스는 아시아 식민지 개척
에 뒤늦게 뛰어들었어. 그때는 이
미 네덜란드가 인도네시아를 차지
하고, 인도와 중국은 영국의 식민지
나 다름없는 상황이었지. 프랑스는 유
럽 열강 세력이 미치지 않은 인도차이나
대륙에 군침을 흘리기 시작했어. 그러더니 결국 베트남을 다스리던 중국
세력을 완전히 몰아내고 아시아에서 본격적인 식민지 시대를 열었어.

    제2차 세계대전 이후 유럽이 잿더미로 변하면서 세계 질서의 중심이 미
국으로 이동했어. 그러자 유럽의 식민지였던 여러 나라에서 해방의 욕구
가 불같이 일어났어. 그러나 유럽 제국주의 국가들은 식민지에 대한 기득
권을 놓치지 않으려고 안간힘을 썼어. 그러다 보니 유럽 제국주의 국가와
식민지 해방 세력 간의 무력 충돌이 일어날 수밖에 없었지.

    이 가운데 프랑스가 식민지였던 베트남, 라오스, 캄보디아를 영원히 지
배하려고 일으킨 전쟁을 인도차이나전쟁이라고 해. 베트남이 전쟁의 주
요 무대였지만 인접한 라오스나 캄보디아에 미친 영향도 적지 않기 때문

에 인도차이나전쟁이라고 하지.

인도차이나전쟁은 크게 두 시기로 나눌 수 있어. 제1차 인도차이나전쟁은 프랑스가, 제2차 인도차이나전쟁은 제2차 세계대전 이후 프랑스의 자리를 대신한 미국이 일으켰어. 여기서는 제1차 인도차이나전쟁만을 다루는데, 베트남과 더불어 라오스와 캄보디아까지 같이 살펴보자구.

앙코르와트로 유명한 캄보디아는 베트남과 타이 사이에 위치한 약소국이었어. 마치 청나라와 일본 사이에 낀 조선처럼 말이지. 1863년 프랑스는 손쉽게 캄보디아를 보호령으로 만들고 캄보디아 영토 일부를 서쪽의 타이에 떼 주었어. 프랑스와 경쟁 관계에 있던 영국이 타이에 영향력을 발휘했거든. 프랑스는 영국과의 직접적인 충돌을 피하고 싶었던 거야. 타이의 영토가 된 캄보디아의 땅은 앙코르와트가 위치한 지역이었어. 그러니 이 땅을 되찾고자 하는 캄보디아 민족의 염원은 엄청났을 거야.

그 염원은 1893년 라오스를 사이에 두고 프랑스와 타이가 일으킨 전쟁에서 프랑스가 승리하면서 이뤄졌어. 하지만 당시 캄보디아는 프랑스의 식민지 신세였으니, 결과적으로는 프랑스의 식민지 영토만 확대된 셈이었지. 이러한 일련의 사건은 후일 캄보디아와 타이 간 국경 분쟁의 씨앗이 되기도 했어.

타이와의 전쟁에서 승리한 프랑스는 라오스를 보호령으로 삼았어. 프랑스는 라오스를 전진기지로 삼아 타이를 차지하려고 했지만 이 역시 타이 뒤에 서 있던 영국 때문에 좌절되었어. 계획이 무산되자 라오스는 프랑스에겐 쓸모없는 땅이나 마찬가지였어.

인도차이나 대륙 내륙에 자리 잡은 라오스는 어느 쪽도 바다와 접하고 있지 않는 데다가 험준한 산악 지대가 영토의 대부분이었어. 오지와도 같은 곳이다 보니 프랑스에 이득을 가져다주는 것이 없었지. 그렇다고 프랑스와 경쟁 관계에 있는 영국이 영향력을 끼치고 있는 타이에 라오스를 내줄 수는 없었어. 하지만 라오스는 아편의 원료인 양귀비를 생산하면서 다시 주목받기 시작했어.

프랑스는 캄보디아와 라오스를 다스리는 데 베트남 국민을 적극적으로 이용했어. 전면에 나서지 않고 민족 간에 갈등을 유발시켜 식민지를 다스리는 것이 프랑스의 통치 방식이었어. 당시 캄보디아와 라오스는 베트남 사람들의 비율이 굉장히 높았어. 라오스 같은 경우 주요 도시의 인구 절반 이상을 베트남인들이 차지할 정도였지. 그들은 주로 행정이나 치안 업무를 독차지하면서 프랑스의 식민지 통치에 한몫을 단단히 담당했어.

우표로 발행된 시아누크의 사진.

1941년 프랑스는 캄보디아의 새 왕으로 시아누크를 세웠어. 그런데 프랑스의 계산과 달리 시아누크는 정치적 수완이 뛰어난 민족주의자였어. 그는 제1차 인도차이나전쟁 시기에 적극적인 외교 활동을 펼쳐 1953년 캄보디아의 독립을 이끌어 냈어. 그러고는 아버지에게 왕위를 물려주고 본인은 스스로 왕자가 되었어. 이 일은 세계 역사에서 유일하게 아들이 아버지에게 왕위를 물려준 기록으로 기네스북에도 올랐지.

라오스는 제2차 세계대전 중에 잠시 일본의 식민지가 되기도 했지만 전쟁이 끝나자 다시 프랑스의 지배 아래 놓이게 되었지. 프랑스는 인도차이나를 제2차 세계대전 이전의 상태로 리셋하고 싶었어. 베트남, 캄보디아, 라오스 모두를 다스리고 싶었던 거야.

하지만 라오스에서도 해방 운동의 불길이 타오르고 있었기 때문에 쉽지 않았어. 게다가 북베트남군과 노선이 같은 수파누봉 왕자가 주도하고 있었기 때문에 북베트남군은 베트남과 라오스를 넘나들며 싸울 수 있었어. 프랑스는 이런 북베트남군과 라오스의 연결을 차단하기 위해 국경에 인접한 지역인 디엔비엔푸에서 전쟁을 일으켰어.

북베트남군
베트남의 공산주의적 독립운동 단체 겸 정당으로 프랑스로부터 독립을 쟁취하고 일본의 침략에 저항하는 것을 목표로 1941년에 설립됨. 베트남인민공화국을 세운 호치민의 정규군을 베트민이라고 부르지만 이해를 돕기 위해 북베트남군을 사용함.

제공권을 쥐고 현대 무기로 무장한 프랑스였지만 베트남의 상대가 되지 않았어. 독립을 향한 베트남 사람들의 열망은 그야말로 기적을 이뤄 냈지. 그들은 250킬로그램에 육박하는 대포를 분리해 자전거에 싣고 날랐어. 먼 길을 마다하지 않고 군량미를 나르는 농민들도 있었어. 이 때문에 디엔비엔푸전투를 자전거가 비행기를 이긴 싸움으로 비유하곤 해.

게다가 날씨까지 베트남 편이었어. 우기가 닥치자 홍수 피해로 프랑스군의 주둔지가 양분되어 병력을 지휘하는 데 어려움을 겪었어. 비가 내릴수록 숲은 더욱 우거졌고 북베트남군은 그러한 자연환경을 이용해 포위망을 좁혀 나갔어. 계속되는 비와 신출귀몰하는 적들의 공격은 프랑스군의 사기를 크게 떨어뜨렸어.

자전거로 대포와 군량미를 실어 나르는 베트남 소년. 자전거 한쪽에 막대를 달아 균형을 잡는 모습이 눈에 띈다.

결국 디엔비엔푸전투는 베트남의 승리로 끝났어. 우기를 기다린 베트남의 전략을 승리의 중요한 요인으로 손꼽기도 해. 디엔비엔푸전투를 승리로 이끈 웅 우엔 지압 장군의 말을 근거로 대면서 말이지.

"우리는 그들이 원하는 때에 싸우지 않았다."

이처럼 날씨는 한 나라, 한 민족의 운명을 결정지을 수도 있어. 특히 '노마드'의 삶은 기후와 밀접한 관계를 맺고 있지.

노마드 nomad

"No mad!" 우린 미친 게 아니라 배가 고팠을 뿐

노마드는 원래 유목민을 뜻하는 말이야. 최근에는 한 곳에 정착하지 않고 끊임없이 이동하며 사는 사람들을 가리키는 용어로 널리 활용되고 있어. 대표적인 예로 스마트폰이나 태블릿PC 같은 첨단 디지털 장비를 휴대하고 시공간의 제약 없이 다니는 현대인을 '디지털 노마드'라고 부르지.

노마드에서 파생해 노마디즘이라는 신조어도 등장했어. 특정한 가치와 삶에 얽매이지 않고 끊임없이 새로운 자아를 찾아간다는 의미를 담은 말이야. 과거 약탈과 침략의 상징이었던 유목민의 이미지가 현대에 와서 재평가되고 있는 거지.

'노마드는 걸음마보다 말타기를 먼저 배운다'는 이야기가 있어. 조금 과장된 표현 같지만 그만큼 유목민의 삶은 말과 떼어 내 설명할 수 없어. 말은 증기 기관이 발명되기 전까지 가장 빠른 이동 수단이었지. 노마드는 땅을 밟고 서 있는 것처럼 말 위에서도 자유로웠어. 그들이 말 위에서 펼치는 마상 무예는 세계 최고라고 할 만해. 말을 타고 달리면서 뒤를 돌아보며 활을 쏘는 기술은 마상 무예의 하일라이트야.

| 유목민이 성난 말을 끌고 가는 장면을 그린 민화.

　그러나 최고의 승마 기술과 무예 실력도 견디기 어려운 혹한의 추위와 이상 기온 앞에서는 무용지물이었어. 그럴 때면 노마드는 생존을 위해 침략과 약탈을 선택해야 했지. 그들은 강력한 지도자를 중심으로 농경 국가로 쳐들어가 식량을 빼앗았어. 이 때문에 노마드는 농경 국가에게 가장 위협적인 존재였어.

　그 대단하던 중국의 진시황제도 노마드인 흉노족의 침입을 막기 위해 지상 최대의 토목 공사를 추진했어. 그렇게 만들어진 게 바로 만리장성이야. 대제국을 건설한 로마를 무너뜨린 게르만족 또한 세계사에 큰 획을 그은 대표적인 노마드이지.

　유목민은 돼지나 닭, 오리 같이 이동에 방해가 되는 동물 대신 양과 말을 길렀어. 유목민은 계절에 따라 가축을 먹일 초지를 마련해 두었어. 가축들은 때를 따라 이동하며 초지의 풀을 뜯지만 이른 가뭄과 혹한의 추위가 겹치기라도 하면 가축은 지옥 같은 상황에 놓일 수밖에 없었지.

지금도 몽골 초원에는 강Gen과 쪼드Dzod라고 불리는 가뭄과 혹한이 닥치곤 해. 이러한 자연 재해는 양이 흙과 돌멩이를 먹고 소가 말총을 씹는 최악의 지경까지 이르게 해. 자신들에게 생명과도 같은 가축들이 굶주림에 시달리는 것을 목격한 유목민은 자신들의 경계를 넘지 않을 수 없었어. 그리고 그것을 막는 세력이 있다면 전쟁도 불사했지. 중국의 원나라와 청나라는 바로 노마드인 몽골족과 여진족이 이렇게 세운 정복 왕조야.

유목민은 이동하는 삶을 숙명으로 받아들이며 살았어. 그러니 그 피가 흐르는 청나라 황제들은 정착 생활이 쉽지 않았을 거야. 그래서 자주 궁궐을 오랫동안 비웠지. 변경의 요새를 둘러본다는 명분을 내세웠지만, 실은 말을 타고 달리며 사냥을 하기 위해서였어.

『열하일기』는 조선의 사절로 파견된 박지원이 때마침 자리를 비운 황제를 찾아 나서면서 지은 글이야. 여진족 황제의 노마드적 기질이 없었다면 하마터면 빛을 못 볼 뻔했지.

봄부터 여름까지 풀을 뜯던 노마드의 말들은 가을이 되면 살이 올랐어. 가을 하늘은 높고 변방의 말은 살찐다는 추고마비秋高馬肥라는 말이 여기에서 탄생했지. 천天고마비는 추고마비에서 유래한 것으로 가을을 독서하기 좋은 계절로 표현할 때 자주 이용해.

중국 사람들은 책을 읽는 사람과 읽지 않는 사람을 용과 돼지로 비유할 만큼 독서를 중요하게 생각했어. 당나라를 대표하는 시인 두보는 "남아는 모름지기 다섯 수레의 책을 읽어야 한다男兒須讀五車書:남아수독오거서"고 했지. 여기서 다섯 수레는 '큰 수레(대승)'로 다섯을 말한 게 아닐까.

대승大乘 불교

머리를 밀지 않아도 누구나 극락행 열차 티켓을 받을 수 있습니다

불교에서 출가出家는 가족을 포함한 세상의 모든 인연을 끊고 속세를 떠나 수행을 하는 것을 뜻해. 그리고 이러한 삶을 선택한 사람을 출가자라고 하지. 최초의 출가자는 보리수 밑에서 깨달음을 얻은 석가모니야. 인도에서는 '고타마 싯다르타'라고 부르는 세계 4대 성인의 한 사람이지.

불교의 2대 종파는 소승 불교와 대승 불교야. 소승小乘은 '작은 수레'를, 대승大乘은 '큰 수레'를 뜻하는데 그 수레에 중생을 얼마나 깊고 넓게 담느냐에 따라 나뉘지. 소승 불교는 수행을 통한 개인의 해탈을 중시하고, 이를 비판하면서 등장한 대승 불교는 중생衆生:모든 살아 있는 무리을 이끌어 부처의 경지에 이르는 것을 목표로 해. 그래서 대승 불교는 민중 중심의 대중 불교라고 하지. 출가를 하지 않더라도 누구나 수행을 통해 열반에 이를 수 있다고 가르치거든. 이렇게 집에서 불도를 닦는 사람들을 재가자在家者라고 해.

> **열반**涅槃
> '불을 끈 상태'가 본래 뜻으로 욕망과 분노 같은 감정을 잠재우고 깨달음이 완성된 경지를 말함.

우리나라를 비롯해 중국과 일본의 불교는 대승 불교야. 반면 스리랑카, 태국, 티베트 등 아시아 남쪽에 위치한 나라 대부분은 소승 불교를 따르지. 그래서 한·중·일 중심의 대승 불교를 북방 불교, 그 이남 지역에 분포한 소승 불교를 남방 불교라고 하기도 해.

불교에서는 수도승의 죽음을 '입적'이라고 해. 입적한 석가모니의 유골을 사리라고 하는데, 후세에는 수도승을 화장한 뒤에 나오는 구슬 모양의 유골을 가리켜 사리라고 하고 있지. 인도의 아소카 왕은 석가모니의 사리를 수만 조각으로 나누어 보관했어. 그 보관 장소가 바로 탑이야. 소

승 불교는 이 탑을 중심으로 성장했다고 할 수 있어.

소승 불교는 석가모니의 시대, 즉 그와 같은 시대를 살았거나 석가모니의 제자들이 살던 시대에 크게 성장했어. 그들은 석가모니의 가르침을 직접 들었고, 또

| 사리와 사리 보관함.

그들의 제자들에게 생생하게 전달했으니까. 그리고 그 이후의 제자들과 수행자들은 석가모니의 사리를 모신 탑을 돌며 열반에 드는 수행을 이어 나갔지.

그런데 시간이 흐르면서 탑을 석가모니와 동일시하는 의식은 희미해졌어. 재가자인 일반 신도들은 석가모니를 떠올릴 수 있는 다른 형상이 필요했어. 그렇게 해서 등장한 것이 바로 불상이야. 가부좌를 틀고 앉아 있는 석가모니의 형상은 신앙의 대상을 떠올리는 데 완벽한 역할을 했어. 아무래도 사람은 눈에 보이는 것만 믿으려고 하니까.

불상의 등장을 대승 불교가 출현한 시점으로 보는 견해도 있어. 대승 불교에서 가장 이상적인 인간상은 보살菩薩이야. 보살은 최고의 깨달음이란 뜻의 보리菩提와 중생을 의미하는 살타薩埵가 합쳐진 말이야. 보살이 깨달음을 얻고 중생을 구제하는 존재라는 거지. 그래서 보살은 소승 불교의 약점을 거론할 때 자주 등장해. 소승 불교는 중생을 외면하고 개인의 해탈과 석가모니의 가르침에만 몰두하거든.

소승 불교에서는 성불成佛, 즉 석가모니가 되기 위한 과정을 16단계로

104

구분해. 최고의 경지이자 깨달음의 극치인 마지막 단계에 이른 수행자를 '아라한'이라고 부르지. 이렇게 열다섯 번의 업그레이드 과정을 거쳐야만 성불할 수 있는 소승 불교는 출가한 사람들만의 전유물이었어.

하지만 실천 없이 학문을 위한 학문만을 일삼던 소승 불교는 점차 생명력을 잃어 갔어. 소승 불교에 반발해 등장한 대승 불교는 이러한 중간 과정을 모두 생략해 버렸어. 누구나 깨달음을 얻으면 보살이 될 수 있음을 강조했지. 이것은 대승 불교가 성장한 핵심 이유라고 할 수 있어. 간결한 사상과 자비를 강조하고 그것을 실천에 옮기는 삶이 대중에게 큰 호응을 얻었던 거야.

'보살피다'라는 동사는 '정성을 기울여 보호하며 돕다'는 뜻이야. 물론 불교에서 말하는 '보살'과 직접적인 연관은 없어. 하지만 자비를 실천하는 보살에게 가장 잘 어울리는 동사이지 않을까?

실천적 종교인 대승 불교는 인도에서 중국을 거쳐 한반도와 일본으로 뻗어 나갔어. 한반도에서는 고려시대까지 크게 융성했지. 그러나 조선시대에 들어서면서 숭유억불 정책이라는 큰 벽에 부딪혔어. 조선시대는 불교의 암흑기였어. 불교를 그야말로 '이판사판' 식으로 탄압했거든

이판사판 理判事判
명예로운 이름에서 가장 천한 이름으로, 극과 극을 오간 승려들

이판사판은 수행에 전념하는 이판승과 사찰의 관리를 맡은 사판승을 합쳐 부르던 말이야. 오늘날에는 막다른 궁지에 몰려 어찌할 수 없게 된

상황을 표현할 때 사용하지. 이렇게 의미가 바뀌게 된 사정을 거슬러 올라가면 조선시대의 숭유억불 정책을 만나게 돼.

조선 최고의 법전인 『경국대전』에는 "사찰을 새로 세울 수 없다. 단, 옛 절터 위에 짓는 것은 가능하다"라고 기록돼 있어. 조선은 숭불 정책을 펼친 고려시대의 정통성을 끊기 위해 유교의 우월함을 과시하고 숭상하는 정책을 펼쳤어. 그에 따라 나라 곳곳의 사찰을 부수고, 그 자리에 유교 서원을 세웠어. 이렇게 세워진 최초의 서원이 바로 백운동 서원이야.

조선시대 불교는 '산중 불교'가 되고 말았어. 절을 찾으려면 깊은 산속으로 들어가야 했거든. 조선이 고려의 상징이라고 할 수 있는 불교를 철저하게 짓밟은 결과였지. 이를 뒷받침하는 또 하나의 증거가 있어. 조선 왕조의 설계자였던 정도전이 쓴 『불씨잡변佛氏雜辨』인데 이 책은 일종의 불교 비판서야. 제목을 풀이하면 '부처가 한, 이치에 맞지 않은 잡다한 거짓말' 정도가 될 거야. 그리고 세종 시대에도 일부만 제외하고 전국의 모든 절을 없애라는 명령이 내려졌어.

상황이 이렇다 보니, 고려시대까지 불교의 번성을 이끌던 이판승과 사판승의 처지도 180도 달라졌어. 이판승은 산속에 은둔하며 불교의 맥을 이은 반면, 사판승은 생존을 위해 몸부림을 쳤어. 사판승은 사찰을 관리하면서 관아나 유생들의 요구에 따라 기름과 종이, 신발을 만드는 잡역에 종사했어. 또 산성이나 성벽을 축조하는 데 동원되기도 했지.

천민으로 전락한 승려들은 사회적 차별과 가난을 온몸으로 감당해야 했어. 심지어 조선 후기에 들어서면 승려들은 도성 출입조차 할 수 없었지. 이 때문에 조선시대에 이판승이나 사판승이 된다는 것은 한마디로 인생이 끝났다는 것을 의미했고, 이렇게 해서 이판사판이라는 말이 궁지에 몰린다는 부정적인 의미로 바뀐 거야. 고려에서 승과를 설치해 승려들에게 출세의 기회를 주고, 아들이 셋이면 하나는 출가해 승려가 되도록 장려했던 것과는 매우 대조적이지.

하지만 조선 왕실의 외면에도 불구하고 승려들은 외부의 침략이 있을 때마다 나라에 힘을 보탰어. 서산대사 휴정은 임진왜란 때 "이판은 가부좌를 풀고, 사판은 붓과 호미를 던지고 총궐기하라"며 도탄에 빠진 국가와 백성을 구하고자 했어. 부처의 힘을 빌려 국난을 헤쳐 나가려는 불교의 특징은 호국護國 불교라는 말을 낳았어. 고려시대, 몽골의 침입을 막고자 하는 염원을 담은『팔만대장경』은 호국 불교의 대표 상징물이지.

그런데 숭유억불 정책을 폈음에도 당시 백성들 대부분은 불교를 믿었어. 심지어 왕실에서조차도. 조선의 조정은 공식적으로 불교를 금지했지만 왕실의 안녕과 건강을 위한 개인적인 신앙은 허용했거든. 정조는 아버지 사도세자를 기리기 위해 용주사라는 절까지 세웠어. 용주사는『경국대전』에 따라 옛 절터 위에 세워졌어. 정조는 눈 가리고 아웅하는 식으로『경국대전』의 심판은 피했지만 숭유억불이라는 조선의 통치 이념은 어긴 셈이야.

사실 정조가 용주사를 세운 데는 또 다른 의도가 있어. 바로 백성들이 불교를 믿을 수 있는 구실을 만들어 준 거지. 왕실에서도 절을 세웠으니 백성이 불교를 따른다고 해서 시비를 걸기란 쉽지 않았을 거야.

시끌벅적하고 어수선하다는 뜻의 야단법석野壇法席 또한 이판사판처럼 부정적인 의미로 바뀐 불교 용어야. 본래 '야단'은 '불법을 베풀기 위해 야외에 설치한 강단'을 의미했어. '법석'은 '불법을 펴는 자리'라는 뜻이고. 이런 경건한 의미가 어째서 소음이 가득한 모임이라는 뜻으로 전락한 걸까?

사실 우리가 '야단법석을 떤다'라고 할 때의 야단법석은 한자가 달라. 이때 야단惹端은 떠들썩하게 일을 벌인다는 뜻으로 '동생이 소풍 준비를 한다고 야단이다'와 같이 사용되는 말이야. 법석도 순우리말로 '시끄럽게 떠드는 모양'을 뜻해. 그럼에도 불구하고 야단법석野壇法席이 시끌벅적한 모습을 묘사하는 용어로 굳어진 데는 숭유억불의 영향력이 컸기 때문이야.

이렇게 고려를 지배했던 건국이념이자 국교인 동시에 정신적 지주였던 불교는 조선 사회에서는 개인적인 신앙으로만 인정되었어. 하지만 불교는 지금까지 그 생명력을 꾸준히 유지해 오고 있어. 물론 폭력을 행사하고 도박을 하면서 사회적인 물의를 일으키는 몇몇 승려들이 있긴 하지만.

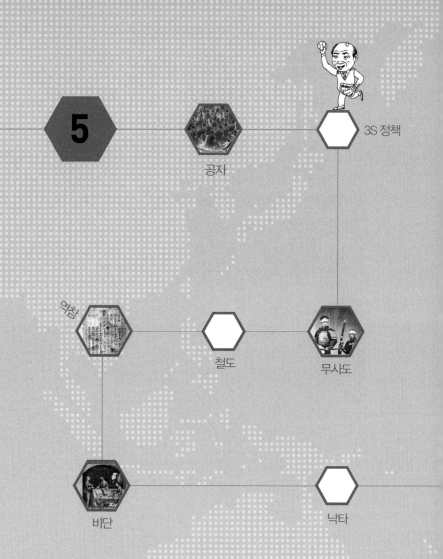

5

공자

3S 정책

역참

철도

무사도

비단

낙타

공자 孔子

일생을 바쳐 학문을 좋아하고 목숨을 걸고 실천을 중시한 사람

유교의 창시자 공자는 동아시아 각국에서 '왕관을 쓰지 않은 제왕'으로 널리 영향력을 끼쳤어. 공자는 노자와 더불어 중국의 문화를 읽는 핵심 코드라고 할 수 있지.

공자가 생전에 왕관을 쓰지 못했던 건 당시가 약육강식의 난세였기 때문이야. 하루 만에 나라가 세워지기도, 망하기도 하는 춘추전국시대였거든. 힘이 곧 정의였던 시절이다 보니 인仁, 예禮는 도덕군자나 외치는 비현실적인 말이었어.

공자도 자신의 처지를 조롱박에 비유하며 한탄하곤 했어. 조롱박은 먹지 못하는 과실로 아무짝에도 쓸모가 없지. 현실 정치에 참여해 세상

을 평화롭게 바꿔 보려는 공자의 외침은 소수 의견에 불과했던 거야. 실제로 공자의 사상은 진나라의 법가 사상에 밀려 생명력을 잃고 말았어.

춘추전국시대를 통일한 진나라는 법가 사상의 토대 위에 세워졌어. '형벌로 형벌을 없앤다', 즉 작은 죄라도 무거운 형벌을 적용해 범죄율을 낮춘다는 말이 나올 정도로 진나라는 엄격한 법치국가를 강조했어. 벌의 효과는 즉각적이었지만 사람들을 근본적으로 바꾸지는 못했지. 힘없는 백성들은 어쩔 수 없이 복종의 자세를 취했을 뿐 마음으로는 순종하지 않았어. 결국 민심을 읽지 못하고 끌어안지 못한 진나라는 20년을 채우지 못하고 망했어.

만약 시황제가 공자의 말에 조금만 귀를 기울였다면 진나라의 운명은 달라지지 않았을까? 『논어』에는 공자와 제자가 정치에 대해 대화를 나누는 장면이 있어. 공자는 나라를 다스릴 때 가장 중요한 것이 무엇이냐는 질문에 경제와 국방, 백성의 신뢰라고 답했어. 이에 제자가 부득이하게 하나를 포기해야 한다면 무엇을 버려야 하냐고 묻자 공자는 가장 먼저는 국방이요, 그다음은 경제라고 하지. 나라를 다스리는 데 가장 중요한 것은 백성의 신뢰이고 그것에 비하면 국방은 중요하지 않다는 거야. 그런데 시황제는 공자와는 정반대로 만리장성을 쌓으며 국방에 온힘을 쏟아 붓다가 정작 백성들의 신뢰는 잃고 말았지.

『논어』論語
'의논하여 편찬한 공자의 말'이라는 뜻으로 공자가 제자들의 물음에 답한 것을 기록한 책.

진나라가 망한 후 중국을 통일한 한나라는 유교를 중심으로 나라를 다스렸어. 혼란의 시기를 일단락하고 등장한 한나라는 무력의 시대는 지나가고 문치文治의 시대가 왔다고 봤어. 이러한 시대적 요구에 부응하는 것이 바로 공자의 사상이었지. 공자는 자신의 위치와 주제를 파악하는 예禮를 주장했는데 그 바탕에는 인仁이 있었어. 통치자가 먼저 사랑을 실천하고 백성을 어질게 다스리면, 백성은 자신의 위치에 만족해 윗사람을 존중하고 자발적으로 따르게 된다고 보았지. 자신의 신분에 맞게 살아야 한다는 일종의 명분론은 이후 수많은 왕조의 사회 안정 시스템으로 작용했어.

하지만 명분론에 근거한 유교는 지배층이 특권을 인정받고 피지배층에게 복종을 요구할 수 있었어. 지배층에게는 최고의 사상이었던 반면 피지배층은 벗어날 수 없는 굴레를 쓰게 만들었지.

공자의 사상은 시대에 따라 상반된 평가와 대우를 받았어. 1966년 중국에서 문화대혁명이 일어났을 때, 공자의 사상은 비판의 대상이었어. 이를 비공批公이라고 해. 당시 공자의 사상은 봉건적이고 보수적인 구舊질서의 상징으로 전락했어. 또한 소작농을 착취하는 지배층의 사상으로 공격을 받았어. 공자의 원래 이름은 공구公丘였는데, 구 자를 도둑 구寇로 바꿔 부르면서 범죄자로 취급하기도 했지. 이처럼 문화대혁명 동안 공자는 설 자리를 잃었을 뿐만 아니라 그의 사상은 중국 사람들이 반드시 극복해야 할 장애물로 여겨졌어.

하지만 공자는 2008 베이징 올림픽 개막식 때 화려하게 부활했어. 공자의 제자들이 『논어』가 새겨진 목간을 들고 등장한 거야. 톈안먼 광장에는 마오쩌둥毛澤東모택동의 대형 초상화보다 큰 공자의 동상이 세워졌어. 심지어 노벨 평화상을 겨냥해 '공자 평화상'까지 제정했어. 그런데 이 상은 중국의 반反체제 인사인 류샤오보劉曉波류효파가 노벨 평화상 수상자로 결정되자 이에 맞서 만든 거라고 해. 공자가 그 누구보다 사람을 사랑하는 인仁을 중

목간木簡
고대 중국에서 대나무나 나무 조각을 엮어 만든 책으로 그 위에 글자를 적음.

112

| 2008 베이징올림픽 개막식에 등장한 공자의 3천 제자들.

시했기 때문에 그의 이름 뒤에 평화상을 붙이는 것이 큰 문제가 되는 것 같지는 않아. 하지만 공자 평화상은 전 세계의 보편적인 평화 가치를 따르는 노벨 평화상에 반기를 들고 중국식의 평화와 인권을 알리는 것을 목적으로 제정되었기 때문에 '짝퉁 노벨상'이라는 오명이 따라 다니지.

중국은 사회주의 체제에 대한 불만을 협박과 무력으로 없애려 하고 있어. 지금도 반체제 인사를 직접적으로 탄압해 국제 사회로부터 비판을 받고 있지. 신흥 경제 대국으로 부상한 중국이지만 아직도 인권 사각 지대로 평가받고 있는 거야.

반체제 인사를 다루는 방식은 나라마다, 시대마다 달랐어. 강경책이 있는가 하면 백성들을 잘 구슬려 따르게 하는 회유책도 있었어. 우리나라에서는 5공화국 때 '3S 정책'이라는 회유책을 실시했어.

3S 정책

나라에서 장려한 즐기고, 즐기고, 즐겨라 정책

3S 정책이란 국민의 관심을 스크린Screen, 섹스Sex, 스포츠Sports로 돌려서 정치에 대한 참여와 관심을 자연스레 약화시킨 정책이야. 5공화국 전두환 정부가 실시했지. 전두환은 1979년, 12·12사태를 일으켜 부당하게 권력을 잡은 군사 정권의 수장이야. 박정희 대통령의 오랜 군사 독재가 막을 내리는가 싶었는데, 전두환에 의해 군사 독재가 계승되려 하자 곳곳에서 이를 규탄하고 막으려는 시위가 일어났어. 결국 전두환은 계엄령을 선포하고는 5·18 광주 민주화 운동을 유혈 진압하면서 불완전한 출발을 했어. 하지만 민주주의에 대한 국민들의 염원은 곳곳에서 불타올랐어. 그러자 전두환 정부는 '당근과 채찍'을 구사하며 국민들의 저항을 무마하

5·18 광주 민주화 운동(1980년)
전남 광주 시민들이 전두환의 퇴진을 요구하며 벌인 민주화 시위. 전두환이 공수부대를 동원해 시위를 진압하면서 대규모 유혈 사태가 벌어짐.

려 했고, 이때 시행한 3S 정책은 대표적인 '당근'이라고 할 수 있어.

우선 수십 년간 유지해 오던 심야 통행금지법을 없앴어. 그러자 '밤 문화'가 발달하면서 자연스레 향락 산업이 발달했지. 미국과 일본의 포르노 영상도 유입되기 시작했어. 심야극장은 성인영화를 보려는 인파로 초만원을 이루었지. 국민들의 저항의식은 점점 마비되고 온통 말초신경을 자극하는 일에만 관심이 쏠렸어.

1982년 프로야구의 출범도 같은 연장선상에 있어. 요즘에는 시구를 했느냐 안 했느냐가 연예인의 인기도를 가늠하는 기준이 되고 있는데, 그렇다면 우리나라 프로야구 역사상 첫 경기의 시구는 어떤 연예인이 했을까. 주인공은 연예인이 아니라 전두환 전 대통령이었어. 이 때문에 그에게는

'스포츠 대통령'이라는 수식어가 붙게 되었지. 프로야구는 컬러텔레비전의 보급과 맞물려 출범 첫해부터 단숨에 인기 스포츠로 자리 잡았어. 특히 5·18 광주 민주화 운동 이후 정치적으로 차별받던 광주 사람들은 광주를 근거지로 둔 해태 타이거즈에 열광했어. 해태 타이거즈는 곧 그들의 분신이었고 야구 경기장은 선수들을 통해 자신들의 울분과 설움을 쏟아 내는 장이었어. 홈런과 삼진 아웃에 열광하다 보면 억압된 감정의 응어리들이 하나 둘씩 해소되는 것 같았거든.

정부의 의도대로 국민들은 정치와 사회 문제에 둔감한 '바보 국민'이 되어 갔어. 이 시절 실제로 독서 인구가 감소했는데, 당시 한 일간지는 문 닫는 서점이 늘고 독서 인구가 줄어드는 이유가 스포츠 붐과 전자오락에 있다고 보도했어. 이런 측면에서 3S 정책을 우민화愚民化 정책과 동일시하 기도 해.

스페인 내전(1936~1939)
프란시스코 프랑코 장군의 쿠데 타 선언과 함께 시작된 내전으 로 히틀러와 무솔리니가 프랑코 장군을 지원하면서 국제전의 양 상을 띰. 내전에서 승리한 프랑 코 장군은 36년간 장기 독재를 유지함.

스페인 역사에도 스포츠가 정치적으로 이용된 적이 있 어. 1939년 스페인 내전에서 승리한 프랑코 정권은 1975년 까지 군사 독재 정권으로 군림했어. 지중해를 끼고 있는 스 페인 북동부 해안에 카탈루냐라는 지역이 있는데, 프랑코 정권은 내전 막바지에 이곳을 공격했고 내전 이후로도 자 치와 고유 언어 사용을 주장하는 카탈루냐를 강력하게 박 해했어. 바르셀로나는 스페인 제2의 도시이자 카탈루냐 제1의 도시였어. 카탈루냐는 바르셀로나를 연고지로 하는 축구팀을 창단했어. 그런데 프 랑코 정권의 압력으로 팀명을 강제로 FC 바르셀로나Futbol Club Barcelona가 아닌 스페인어의 CF 바르셀로나Club de Fútbol Barcelona로 바꿔야 했다고 해. 바르셀로나 축구팀은 카탈루냐 사람들의 응어리진 한을 쏟아 내는 해방 구였어. 외국 팀한테는 져도 프랑코가 수도 마드리드를 연고지로 창단한 레알 마드리드에게 지는 것은 허락되지 않았어. 프랑코가 사망하고 FC 바르셀로나라는 팀명을 되찾았을 때 바르셀로나 시민들은 독립을 맞은 것처럼 기뻐했다고 해.

86 아시안 게임에서 우리는 중국 다음으로 2위라는 쾌거를 올렸어. 88 서울 올림픽의 리허설과도 같았던 아시안 게임을 성공적으로 치르자 국 민들의 관심은 더욱 스포츠에 쏠렸어. 그런데 공교롭게도 태릉선수촌은

육군사관학교 옆에 있어. 이것을 군사 독재 정권의 하수인으로 전락한 스포츠 공화국의 단면으로 본다면 과장일까?

박정희 정부 시절에 축구 국가대표팀 이름은 '화랑'이었어. 전두환 정부에서도 이 명칭을 그대로 사용했지. 그런데 이때의 '화랑'은 일제강점기의 잔재 가운데 하나였어. 일본은 '무사도武士道'와 비슷한 상무 정신을 우리나라 역사에서 찾으려고 했어. 아무리 식민지라고 해도 일본식의 무사도를 그대로 강요할 순 없었으니까. 그때 일제가 주목한 것이 바로 신라시대 인재 양성의 요람이었던 화랑도야. 그들은 '화랑'의 의미를 '청년 전사'로 바꾸고, 화랑의 무리라는 뜻의 화랑도徒를 화랑의 정신이라는 뜻의 화랑도道로 교묘하게 위장했어. 그러고는 일본 제국주의가 일으키는 전쟁에 동원되는 강제 징병을 미화하고 선전하는 데 화랑도道를 도구로 이용했지.

군사 정권은 일본이 만들어 놓은 화랑도의 논리를 그대로 답습해서 스포츠 정책에 활용했어.

'너희는 화랑이다. 경기에서 반드시 이겨 국민들의 애국심을 고양시켜라.'

스포츠와 정치의 교묘한 동침, 오늘의 우리도 경계해야 할 부분이야.

무사도 武士道
사무라이 정신의 또 다른 이름

일본은 중국이나 우리나라와 달리 무사들이 오랫동안 지배 집단을 형성했어. 미국의 인류학자 루스 베네딕트는 『국화와 칼』에서 국화와 칼을 일본 문화를 읽는 두 가지 핵심 키워드로 제시했어. '국화'는 천황가를, '칼'은 무사를 상징하지.

무사도는 명예와 충성을 최고의 가치로 여기는 무사 정신, 곧 '사무라이 정신'을 말해. 사무라이는 일본 봉건 시대의 무사를 가리키는데, 본래 귀인貴人을 가까이에서 모시며 경호하는 사람을 칭했어. 사무라이에게 요

| 무사도라는 이름으로 부활한 사무라이.

구되는 가장 중요한 임무이자 정신은 주군에 대한 무조건적인 충성과 복종이었어.

사무라이 하면 연상되는 단어 중에 할복이 있어. 할복은 스스로 자기 배를 갈라 목숨을 끊는 것을 말해. 주군의 명예가 훼손되거나 자신의 충성심을 증명할 때 행한 의식이야. 배를 갈라 자기 속이 깨끗하다는 것을 보여 주려 했던 거지. 전생에 패배한 사무라이도 예외 없이 할복을 했어. 사상가로 유명한 니토베 이나조는 사무라이의 삶을 벚꽃에 빗대었어. 짧은 기간 동안 피었다가 지고 마는 벚꽃이 사무라이와 닮았다는 거지. "꽃은 벚꽃, 사람은 무사"라는 일본의 유명한 속담도 같은 맥락에서 이해할 수 있어.

사무라이는 가마쿠라 막부부터 에도 막부까지 700년 동안 일본 사회의 실질적인 지배 계층이었어. 특히 에도 막부는 사무라이에게 여러 가지 사회적 특권을 부여했어. 사무라이는 사농공상士農工商:직업에 따른 사회 계급 중 가장 높은 사士 계층으로 평민들과 달리 성姓을 가질 수 있었고, 칼을 차고 다닐 수도 있었어. 그들은 자신에게 무례를 범한 평민을 그 자리에서 벌하고 죽일 수도 있는 '즉결심판권'까지 갖고 있었어.

사무라이라고 해서 칼만 휘두른 건 아니야. 사회의 엘리트 계층으로서 약자를 보호하고 사회 질서를 유지하는 일에도 앞장섰어. 사무라이는 화재를 진압하는 임무도 자주 맡았어. 일본의 전통 가옥은 나무로 지어진 데다 밀집해 있어 불이 나면 순식간에 대형 화재로 번지곤 했거든.

기세등등했던 사무라이 시대는 메이지유신 이후로 저물어 갔어. 에도 막부를 무너뜨리고 중앙집권적 근대 국가로의 개혁을 펼친 메이지 정부는 신분제를 없애고 징집 제도를 실시했어. 이전까지 영지를 다스리던 무사 계급 다이묘에게 세금을 냈던 사람들은 메이지유신 후에는 국민이라는 이름으로 메이지 정부에 세금을 내기 시작했어.

특권을 잃은 사무라이들은 징집을 거부하고 반란을 도모했어. 메이지 정부는 사무라이 집단을 일본의 근대화를 가로막는 장애물로 간주했어. 결국 1877년 세이난전쟁이 발발했어. 메이지 초기에 일어난 사무라이 반란 가운데 최대 규모였지. 사무라이들은 총으로 무장한 정부군을 맞아 마지막 사투를 벌였어. 징집된 정부군은 그 옛날 자신들을 주인으로 섬기던 농민들이었어. 세이난전쟁은 칼과 총의 대결이면서 구세력과 신세력의 대결이었지. 메이지 정부는 이 전쟁에 한 해 예산과 거

세이난西南전쟁(1877년)
메이지유신 초기 근대화 정책의 시행으로 봉건적 특권을 잃은 사무라이들이 일으킨 내란. 1876년에 내려진 폐도령(廢刀令)은 칼을 차던 사무라이의 특권과 녹봉을 없앤 것으로 세이난전쟁의 직접적인 원인이 됨.

의 맞먹는 재정을 쓰고 승리했어.

하지만 메이지 시대 극복의 대상이던 사무라이는 역설적이게도 '무사도'라는 이름으로 부활했어. 니토베 이나조는 1900년 미국에서 『일본의 정신, 무사도』를 출간했어. 그는 이 책의 서문에 "서양에 기사도가 있다면, 일본에는 무사도가 있다"라고 썼어.

니토베 이나조가 서양을 베낀 듯한 '무사도'를 만들어 낸 이유는 무엇일까? 청일전쟁에서 승리한 일본은 러시아와의 전쟁을 준비하면서 서양 강대국에 맞설 일본만의 정신이 필요했어. 또한 군국주의의 정통성을 증명할 수 있는 그 무엇도 필요했지. 이러한 시대적 요구로 태어난 것이 무사도야.

이제 사무라이가 주군에게 맹세한 충성은 천황에 대한 충성으로 둔갑했어. 이는 곧 국민 윤리로 바뀌어 국가에 대한 개인의 희생을 강요하기에 이르렀어. 무사도로 정신무장을 한 일본군은 근대판 사무라이가 되어 근대 최고의 발명품 중에 하나인 '철도'를 타고 전쟁터로 보내졌고, 그들은 오로지 천황을 위해 목숨을 바쳐 싸웠어.

▋철도
▋식선을 향한 인간의 욕망

1825년 영국에서 처음 발명된 증기 기관차는 말보다 속도가 느렸어. 게다가 연료 효율이 떨어져 석탄이 엄청 많이 필요했어. 배보다 배꼽이 컸던 셈이지. 하지만 기차는 빠른 속도로 기능이 향상되면서 이동 수단의 대혁명을 가져왔어. 소나 말처럼 쉽게 지치지 않았고, 큰 짐도 거뜬히 소화했으며, 장거리 이동도 가능하게 되었지. 곳곳에 철도가 놓이면서 '공간 혁명'이라는 말까지 등장했어. 전신電信과 함께 뻗어 나간 철도는 국토의 대동맥이자 신경이 되어 도시를 건설하고 상공업을 발달시켰지. 영국의 산업혁명 또한 이 새로운 교통수단이 없었다면 꿈도 꾸지 못했을 거야.

미국의 서부 개척 시대는 서부 지역으로 철도가 연장되면서 열렸다고 할 수 있어. 이 어마어마한 길이의 철도 공사에는 중국인 노동자들이 동원되었어. 이들을 쿨리라고 불렀지. 그런데 중국에서 미국까지의 거리는 결코 가깝지

쿨리coolie
중국과 인도에서 19~20세기 초 미국으로 넘어온 노동자들을 비하하여 부르는 용어. 힌두어 쿨리(quli)에서 유래함.

않아. 미국은 왜 굳이 지구 반 바퀴 너머에 살고 있는 쿨리를 데려왔을까? 선뜻 납득이 되지 않아.

1862년 남북전쟁이 끝나면서 미국의 흑인 노예들이 해방되었어. 그들은 먹고 자는 것을 해결해 주는 대가로 노동력을 무한히 제공해 주는 존재였지. 그런데 그런 노예들이 해방되면서 임금 노동자로 바뀌게 되었어. 미국은 그들의 공백을 메워 줄 값싼 노동자를 찾아 눈을 돌렸고 중국인들을 강제 이민시키지. 이들이 미국 캘리포니아 주 샌프란시스코에 차이나타운을 형성한 1세대라고 보면 돼. 흑인 노예의 자리를 대신했으니 쿨리에 대한 대접이 좋았을 리 없어. 철도 건설 현장에는 채찍질이 난무했고 쿨리는 인간 이하의 대우를 받았어.

대부분의 문명의 이기利器처럼 철도 또한 인류에게 행복만을 가져다주지는 않았어. 특히 제국주의 시대의 철도는 식민지 침략과 자원 약탈의 루트였어. 오죽하면 '철도 제국주의'라는 말이 등장했을까. 철도는 전

쟁터로 군대를 이동시키는 최적의 수단이었어. 철도를 통해 대규모 군대와 군수 물자가 짧은 시간 안에 이동할 수 있게 되면서 전쟁의 규모도 커졌어.

일본은 일찍부터 철도를 교통 시설보다는 군사 시설로 인식하고 있었어. 메이지유신으로 근대화에 성공한 일본은 1880년대부터 철도를 놓기 시작했지. 1920년대에는 일본 전역을 기차와 전차로 다닐 수 있었어. 이 또한 중앙집권 체제를 구축하고 강화하려는 정치적인 목적 아래 이뤄진 거야.

일본은 본토뿐만 아니라 해외 철도 건설에도 열을 올렸어. 대륙 침략의 꿈을 품고 있었던 일본은 서울과 인천을 잇는 한반도 최초의 철도 경인선 공사에도 관여했어. 그리고 프랑스 회사가 포기한 경의선 부설권에 눈독을 들이고 있다가 러일전쟁이 일어난 1904년, 결국 경의선 부설권까지 획득하고 공사를 시작해 1906년에 완공하지. 앞서 서울과 부산을 잇는 경부선도 개통되었어. 경의선의 완공으로 부산에 상륙한 일본군이 의주까지 이동할 수 있는 길이 열린 거나 다름없었어.

일본이 추진한 한반도 철도 건설의 큰 그림에는 중국 대륙 침략 계획도 그려져 있었어. 러일전쟁 이후 1909년, 일본은 한반도 북쪽의 대륙 간도를 청나라의 영토로 인정하는 간도협약을 맺었어. 그리고 그 대가로 남만주 철도 부설권을 얻지. 청일 간의 거래에서 누가 남는 장사를 했을까? 당연히 일본이었어. 일본은 1911년에 압록강 철교를 완공하고 남만주 철도와 경의선을 연결했어. 이렇게 경부선, 경의선, 남만주 철도가 이어지면서 부산에서 중국 대륙까지 곧바로 갈 수 있는 루트가 완성됐지.

철도가 놓이기 전에는 어떤 교통·통신 수단이 있었을까? 바로 말을 이용한 '역참' 제도였는데 참적이라고도 부르며 원나라가 운영한 이 제도는 세계에서 가장 빠른 속도를 자랑했어.

역참 驛站
지구를 좁힌 네트워크

역참은 중앙과 지방 사이의 소식을 전달하기 위해 설치했던 교통·통신 기관이야. 중앙 기관에서 공문을 내리면 역을 따라서 전령들이 릴레이 식으로 공문을 전달했어. 역참에서는 말을 갈아탈 수 있었고, 이를 위해 간단한 숙박 시설을 갖추고 말, 수레, 식량 등 필요한 물자와 편의를 제공했어. 역참 제도는 춘추전국시대부터 시작되어 진·한 시대를 거치면서 발전을 거듭했어.

동아시아에서 역참 제도가 가장 발달했던 나라는 몽골족이 세운 원나라야. 원나라의 역사책 『원사』에는 "모든 변경의 정세를 정확히 알고 명령을 잘 전달하기 위하여" 역참을 설치했다고 기록하고 있어. 칭기즈 칸 때부터 시작된 역참은 5대 황제 쿠빌라이 때 완성됐어. 전국에 설치된 역참이 1,500곳이 넘었고, 역참을 유지하기 위해 20만이 넘는 집이 세금과 노동력을 제공해야 했어. 대륙 곳곳에 깨알을 뿌려 놓은 것처럼 많은 역들이 설치되었어. 수도를 중심으로 말이 하루를 달릴 수 있는 거리(약 40킬로미터)마다 역을 세웠다고 해.

이 가운데에는 특수하게 긴급한 문서 전달을 전담한 역참도 있었어.

중앙의 중요한 공문이나 변방으로 긴급한 군사 공문을 전하는 전령은 허리에 방울을 찼고, 밤에는 횃불을 들고 질주했어. 경우에 따라 멀리서부터 뿔 나팔을 불어 긴급함을 전하면, 신호를 접수한 역참은 갈아탈 말과 안장을 미리 준비해 놓고 기다렸어. 그렇게 해서 전령은 하루에 300킬로미터 이상을 달릴 수 있었어. 대륙을 누비며 활동했던 몽골족의 정보 전달 속도는 그야말로 가히 세계 최고였어.

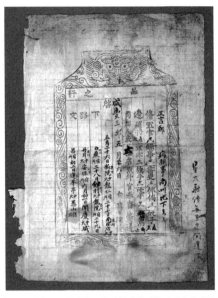

노문(路文). 조선시대 고위 관원이 왕명을 받거나 휴가를 받아 이동할 때 발급하던 문서. 역참에 이 문서를 전달하면 편의시설을 제공받을 수 있었다.

역참 제도는 중앙집권적인 통치에 중요한 역할을 했어. 역참을 이용한 중앙과 지역 간의 신속한 정보 및 물자의 교류는 지역 간의 관계를 강화했고, 결국 민족 전체의 유대를 두텁게 했지. 역참과 역참 사이에 치안이 보장되자 역참을 따라 물자 유통망이 만들어지기도 했어. 이 유통망을 따라 교초交鈔라는 지폐도 퍼져 나갔고 자연스레 이 지역들을 중심으로 경제가 발전했어.

우리나라에서는 이미 삼국시대 때 역을 설치했는데, 고려시대를 거쳐 조선시대에도 활발하게 이용되었어. 봉수제

봉수제烽燧制
높은 산봉우리에 봉수대를 설치하여 밤에는 횃불을 피우고, 낮에는 연기를 올려 나라의 위급한 소식을 중앙에 전하는 통신제도. 급한 소식을 전하는 데 효과적이지만 정확한 사실을 전달하는 데는 한계가 있었음.

와 함께 역참과 파발擺撥은 중요한 통신 수단이었어. 조선 시대에는 약 30리마다 역을 설치하고 숙식을 할 수 있는 원阮도 설치했어. 이태원, 조치원, 퇴계원은 원이 있던 자리로 지금도 사용하는 지명이지. 역과 관련해서도 역곡, 역촌, 역삼동 같은 지명이 꽤 남아 있어.

파발은 일의 완급에 따라 방울을 달았는데, 방울 셋을 달면 초비상사태를 나타내는 3급, 둘은 2급, 하나는 1급을 표시함.

하지만 조선 후기부터 역참 제도는 전쟁과 비용 문제, 관리 문제 등의 이유로 제대로 운영되지 못했어. 이 점을 보완하기 위해 파발이 등장했지. 말을 갈아타는 방법 뿐 아니라 사람이 직접 뛰어서 전달하기도 했어. 서울 은평구에 있는 구파발은 파발꾼과 파발마가 대기하던 파발 터로 한양의 서북 교외로 나가는 관문이었어. 역참제는 한 사람이 여러 역참을 이용해 정보를 전달했다면 파발은 여럿이 하나의 정보를 릴레이식으로 전달하는 방법이었어.

강력한 군사력을 바탕으로 정비한 원나라의 역참제는 비단길 이용을 촉진해 풍요로운 경제 교류를 가져왔어. 내륙을 가로지르며 가장 중요한 무역 통로였던 비단길, 실크로드Silk Road를 알고 있지? 이 길을 통해 중국의 '비단'이 서방으로 널리 알려졌다고 해서 붙은 이름이지. 그런데 이 비단길은 치안이 매우 불안했어. 비단길 주변의 여러 나라 간, 이 길을 이용하는 상인들 간 이권 다툼이 치열했거든. 심지어 어떤 지역을 지날 때는 통행세를 내야만 했어. 그러나 한무제 때 동서무역에 대한 관심이 고조되고 이후 역대 왕조들도 열의를 내면서 비단길은 안전한 길이 되었어.

비단緋緞

세계가 사랑한 중국의 수출 효자 품목

비단은 누에고치에서 뽑은 가늘고 고운 명주실로 짠 화려하고 광택이 나는 직물을 통틀어 이르는 말이야. 중국 비단의 우수성은 고대부터 널리 알려졌어. 비단은 동양과 서양의 첫 무역품으로 중국의 홍보대사 역할을 톡톡히 했지.

누에는 나방이 되기 위해 실을 토해 고치를 만드는데, 바로 이 고치에서 실을 뽑아서 비단을 만드는 거야. 누에를 키우는 것을 양잠養蠶이라고 하고 누에를 치는 방을 잠실蠶室이라고 해. 서울 잠실은 조선 초 양잠을 장려하면서 이곳에 잠실을 설치한 것에서 유래한 이름이지.

누에는 뽕나무 잎을 먹고 자라. 뽕나무를 뜻하는 한자는 상桑이야. 오른손을 본뜬 뜬 우又가 목木 위에 세 개가 합쳐진 것으로도 알 수 있듯이, 뽕나무는 손이 많이 가는 나무야. 누에가 뽕나무 잎을 순식간에 먹어치

중국 여인들이 비단을 다림질하는 모습. 뜨거운 열기 때문에 얼굴을 피하는 소녀의 모습이 재미있다.

우기 때문이지. 조금씩 침략해서 차지한다는 의미의 잠식蠶食은 누에蠶가 뽕잎을 야금야금 먹는 모습에서 만들어진 말이야.

비단은 광택이 날 뿐만 아니라 부드럽고 따뜻해. 그리고 어떤 색으로든 염색이 가능해서 여러 가지 색깔로 화려하게 만들 수 있어. 비단의 재료인 명주실은 문자나 그림을 화려하게 수놓을 때 널리 이용됐지. 또 비단은 화가에게는 훌륭한 캔버스가 되기도 했어. 하지만 금만큼이나 귀했기 때문에 누구나 마음껏 쓸 수는 없었지. 한마디로 비단은 부와 명예의 상징이었어.

비단은 중국의 의관 제도에도 큰 영향을 끼쳤어. 사극을 보면 알겠지만, 신분제 사회에서 의복은 신분을 나타내는 증표잖아. 특히 조정의 관직은 관복의 색으로 구분했지. 일례로 조선시대에는 1~2품의 고관들에게 홍포라고 해서 붉은색 관복을 입도록 했어. 그 밑으로 3~6품은 청포라고 해서 파란색 관복을, 7품 이하는 녹포라고 해서 초록색 관복을 입도록 했지.

『주역』이란 책에 이런 구절이 나와. "황제 요·순이 옷을 늘어뜨리고 천하를 다스렸다." 옷의 꾸밈새와 색깔은 위계를 보여 주는 하나의 표식이었어. '옷을 늘어뜨린다'는 표현은 황제로서 자신의 권위를 나타내 보이는 일종의 의식이라고 할 수 있어. 조선시대 양반의 헛기침을 떠올리면 이해가 쉬울 거야. 양반이 헛기침을 하면 종들이 고개를 숙이고 허리를 굽실거리기 시작하지. 양반의 헛기침이 자신의 존재를 알리는 표식이듯이 의복도 자신의 지위 고하를 알리는 역할을 했어.

중국은 무엇보다 예禮를 중시하는 사회였어. 예는 상하 관계를 명확히 아는 것에서 출발하지. 그런데 의관 제도에 의해서 누구나 지위 고하를 파악할 수 있게 되었으니, 어떻게 예를 따르지 않을 수 있겠어. 어떤 색으로든 물들일 수 있는 특징을 지닌 비단이 예의와 법도를 중요시하는 중국을 만드는 데 유용한 도구로 이용되었음을 짐작할 수 있지. 게다가 중국은 비단을 통해 의관 제도를 갖춘 자신들을 예의와 법도를 갖춘 나라로, 의관 제

| 14세기경 유럽의 비단장수들.

도가 없는 주변 나라는 예의와 법도를 모르는 오랑캐로 여기기까지 했어.

로마는 이미 기원전부터 중국의 비단을 수입했어. 중국을 비단을 만드는 나라라는 뜻으로 세리카serica라고 불렀지. 비단을 나타내는 세르ser에서 유래한 용어야. 많은 역사학자들이 로마 멸망의 원인 가운데 하나로 사치를 들어. 사치 품목 맨 앞줄에는 초원길을 따라 '낙타'가 실어 나른 중국산 비단도 있었지.

낙타駱駝
사막과 초원을 달리는 한 마리의 세단

낙타는 사막이나 초원처럼 건조한 지역에서 유용한 운송 수단이었어. 낙타는 '사막의 배'란 별칭을 가지고 있지. 낙타는 등에 혹이 하나인 단봉낙타dromedary와 혹이 둘 달린 쌍봉낙타camel 두 종류가 있어. 단봉낙타는

주로 건조한 사막지대에, 쌍봉낙타는 초원에 살아. 타조를 camel bird라고 하잖아. 이건 긴 목과 다리, 등에 봉긋하게 혹이 솟은 모습이 낙타와 닮았기 때문이야.

낙타는 더위와 추위에 강해. 우선 체내에 물을 보존하는 능력이 탁월하지. 10분 안에 100리터 이상의 물을 마실 수 있는데 이렇게 마신 물은 혈액과 몸 구석구석에 저장이 된다고 해. 그 덕에 낙타는 한 달 이상 물을 마시지 않고도 살 수 있어.

낙타의 혹은 지방으로 가득 채워져 있어. 혹에 저장된 지방은 일종의 비상식량이야. 낙타가 오랫동안 굶주리면, 혹 속의 지방이 분해되면서 혹이 쭈그러들고 말랑말랑해져. 혹이 한쪽으로 주저앉기도 하는데 영양분을 충분히 섭취하면 다시 곧게 서. 그래서 무역 상인들은 낙타의 혹 상태를 보고 이동과 휴식을 결정했지.

중국과 중앙아시아, 인도, 아랍 지역 간의 경제적·문화적 교류는 낙타 없이는 불가능했어. 기차가 등장하기 전까지 유라시아 문명 전파의 일등공신 또한 낙타라고 할 수 있어. 그럼에도 한편에서는 낙타를 부정적으로 평가하기도 해. 낙타로 마차가 다닐 수 없는 좁은 길이나 고원, 거친 돌길까지 다닐 수 있었기 때문에 오히려 도로가 발달하지 못했다는 거지.

낙타는 우리나라 역사의 몇몇 장면에도 등장해. 고려 태조 때 요나라를 세운 거란족과 외교 마찰이 있었어. 거란은 고려와 외교를 맺으려고 사신과 50필의 낙타를 보내 왔어. 그러나 고려는 끝내 이를 거부하며 사신들은 섬으로 유배를 보내고 낙타들은 만부교 아래에서 굶겨 죽였지. 만부교는 개성에 있는 다리인데, 이 일이 있은 후로는 탁타교라고도 불렸어.

낙타는 『조선왕조실록』에도 여러 차례 등장해. 1486년, 조선 성종은

중국을 통해 낙타를 수입하
려고 했어. 위급할 때 식량을
운반하기 위해서였지. 낙타의
탁월한 운반 능력은 조선에까
지 소문이 자자했던 거야. 하
지만 값이 비싼 데다가 고려
시대에도 전례가 없다는 이유
로 신하들이 강력하게 반대

개성시에서 조사하고 발굴한 탁타교의 상상화.

하는 바람에 낙타 수입은 좌절됐어.

『숙종실록』에 보면 숙종이 낙타를 궁 안에 들이려 했다가 신하들의
반대에 부딪힌 이야기가 나와. 청나라 사신은 자신을 따라온 낙타가 야
위어서 먼 길을 갈 수 없게 되자 내버리고 돌아갔어. 청나라 사신은 간
혹 낙타를 몰고 와서 의주에 떨어뜨려 두었다가 돌아갈 때 도로 데리고
가곤 했거든. 의주에서 누가 낙타를 팔았는지 알 수 없지만 궁궐에서 일
하던 한 노비가 사들이면서 세간에 화제가 되었어. 한양 한복판은 낙타
를 보러 온 사람들로 가득했다고 해. 숙종은 낙타의 생김새가 궁금했는
지 낙타를 끌어오도록 명령했어. 하지만 신하의 만류로 포기하고 말았
지. 이처럼 낙타는 왕조차도 보고 싶어 했던 신기한 동물이었어.

요즘 낙타는 운송 수단을 넘어서 새로운 아이템으로 부상하고 있어.
우리나라에서도 낙타 털로 만든 이불, 낙타 털 코트가 불티나게 팔리고
있지. 저지방 저콜레스테롤의 낙타유(乳)는 건강 음료로 알려지면서 선진
국으로 수출되고 있어. 사우디아라비아에서는 낙타 버거, 낙타유 초콜
릿, 낙타유 화장품이 인기를 끌고 있다고 해.

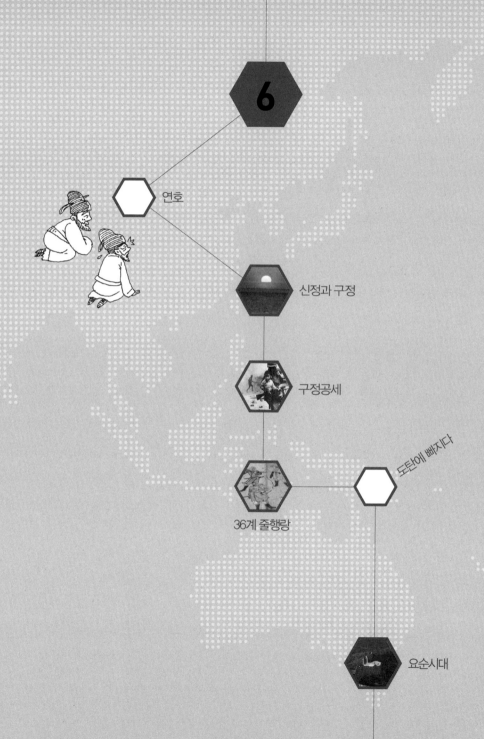

6

연호

신정과 구정

구정공세

도탄에 빠지다

36계 줄행랑

요순시대

연호 年號

왕이 하사한 달력

연호란 한자漢字를 사용하는 아시아 군주 국가에서 어떤 특정한 연도를 기준으로 햇수를 세던 방법이야. 중국에서 시작됐는데 보통 군주가 즉위한 해나 그 이듬해를 원년元年으로 삼았어. 어떤 일을 장기적으로 준비할 때 흔히들 '올해를 원년으로 삼겠다'라고 하잖아. 원년은 시작점이나 기준점이 되는 해를 가리켜.

　오늘날에는 보편적으로 '서기', 즉 '기원후'를 사용하는데 아직도 몇몇 나라들은 연호를 사용해. 일본은 헤이세이平成라는 연호를 사용해. 아키히토 천황의 즉위(1989년)를 기준으로 일본은 현재(2013년) '헤이세이 25년'을 맞이했어.

연호는 그 나라가 나아갈 방향과 이상을 담고 있어. 앞서 말한 헤이세이는 '평화를 이루다'라는 뜻이야. 전쟁으로 얼룩졌던 과거의 한계를 뛰어넘으려는 의도가 배어 있지.

연호는 언제 처음 사용했을까? 중국 한나라의 무제가 최초로 건원建元이라는 연호를 사용했어. 건원은 '원년을 세우다'라는 뜻. 무제가 북방의 흉노를 토벌하고 중국의 근간을 세웠으니, 무제 시대를 말 그대로 중국 역사의 새로운 원년으로 삼았던 거지.

중국은 안으로 정치를 안정시키고 밖으로 국위를 널리 떨친 군주의 치세治世:잘 다스려져 화평한 세상에도 연호를 붙였어. 예를 들어 당나라 태종이세민과 당나라 현종은 태평성대를 이룬 대표적인 군주야. 이들이 다스린 시대를 각각 정관의 치貞觀—治, 개원의 치開元—治라고 하는데, 이때 '정관'과 '개원'은 두 군주 시대의 연호야.

조선은 명나라의 연호를 사용했어. 한 나라가 자신들의 독자적인 연호 대신 다른 나라의 연호를 쓴다는 것은 그 나라를 섬긴다는 하나의 징표였어. 즉 조선이 명나라를 섬겼다는 것을 알 수 있지. 당시 만약 조선이 중국의 연호 대신 독자적인 연호를 쓰겠다고 나섰다면, 그것은 곧 조선이 중국 중심의 질서에서 벗어나겠다는 선전포고나 다름없었지. 그만큼 연호는 국력을 가늠할 수 있는 잣대이기도 해. 실제 우리나라 역사상 가장 넓은 국토를 차지했던 고구려의 광개토대왕은 독자적인 연호 영락永樂을 사용했어.

그런데 조선 27대 왕 고종 때에는 연호가 여러 번 바뀌었어. 연호를 바꾸는 것을 '원년을 고치다'는 뜻에서 개원改元이라고 해. 고종은 즉위 후 광서光緒라는 청나라의 연호를 사용했어. 그러다 1894년 갑오개혁 때 개국開國이라는 독자적인 연호로 개원을 하지. 그리고 이듬해 을미개혁 때 다시 건양建陽으로 연호를 바꿨어. 마지막으로 1897년에 대한제국을 세우며 광무光武로 연호를 바꿨지.

고종이 여러 번 개원한 배경에는 일본이 있었어. 조선을 점령하고 싶었던 일본은 중국을 눈엣가시로 여겼어. 중국은 오랫동안 조선의 '영원한 형님' 행세를 하고 있었으니까. 임진왜란 때도 명나라 때문에 대륙 침략의 꿈이 좌절됐잖아. 일본은 조선에 대한 중국의 간섭을 어떻게든 없애고자 했어. 그 방법의 하나로 일본은 조선이 중국의 연호를 사용하지 못하게 막은 거야. 이렇게 볼 때 '광서 → 개국 → 건양 → 광무'에 이르는 개원의 역사는 중국과 일본 사이에서 혼란스러웠던 고종 시대 역사의 단면이라 할 수 있어.

일본은 1895년 을미개혁을 통해 조선 사람들이 자신들처럼 양력陽曆을 사용할 것을 강요했어. 조선을 식민지로 삼고 효율적으로 통치하기 위한 준비를 차근차근 해 나갔던 거야. 하지만 조선 사람들 대부분은 양력 사용을 거부했어. 그러다 보니 오늘날에도 음력과 양력을 함께 사용하는 경우가 많지. 대표적으로 명절 설을 두 번 쇠잖아. 이를 구분하기 위해 양력 1월 1일을 '신정', 음력 1월 1일을 '구정'이라고 해.

신정新正과 구정舊正
대한민국은 새해가 두 번인 나라

우리 민족은 예부터 음력 1월 1일을 정월 초하루(정초)라고 불렀어. 그런데 일본은 1895년 을미개혁을 통해 정월 초하루 대신 자신들의 명절인 양력설을 쇨 것을 강요하기 시작했어. 하지만 일본의 강압이 커질수록 우리나라 사람들은 더욱 더 음력설을 고집했어. 분위기가 이렇다 보니 양력설을 쇠는 것을 친일행위로 매도하는 정서까지 생겨

> **을미개혁(1895년)**
> 을미사변 직후 김홍집을 중심으로 한 친일 내각이 실시한 개혁. 일본이 차후 조선의 식민지화를 염두에 두고 일본과 동일한 사회체제를 강요함. 주요 개혁 내용에는 태양력 사용, 단발령, 소학교 설립 등이 있음.

났어. 실제 음력 1월 1일은 우리나라의 설날이고, 양력 1월 1일은 일본인의 설날로 인식했지.

그러자 일제는 탄압을 가하기 시작했어. 음력설 즈음에 방앗간 문을 열지 못하게 한 거야. 떡국의 주재료인 가래떡을 못 만들게 해서 명절 분

위기를 못 내게 한 거지. 행여 몰래 방앗간 문을 열면 경찰이 잡아가기도 했어.

'신정'과 '구정'이라는 말도 일본이 만들어 낸 거야. 음력설을 '구정'이라고 불러서 구시대의 유물처럼 느끼게 하는 반면, 양력설을 '신정'이라고 해서 근대화 된 사람들의 명절이라는 느낌을 주려 한 거지.

광복 이후에도 음력설은 양력설에 눌려 기를 펴지 못했어. 이승만 정부는 구정과 신정을 같이 쇠는 것은 이중과세二重過歲:양력과 음력으로 설을 두 번 쇠는 것라면서 양력설을 고집했어. 이를 촉진하기 위해서 양력설을 3일 연휴로 지정했지. 이후 박정희 군사 정부는 음력설을 공휴일에서 빼 버렸어. 하지만 이런 녹록치 않은 상황에서도 사람들은 음력설을 지켰어.

음력설이 사실상 부활한 것은 1985년 전두환 정부가 음력설을 '민속의 날'로 지정하면서부터이고, 1989년에 이르러 '설날'이라는 공식 명칭을 얻으면서 완벽히 제자리를 찾았어. 바뀐 위상에 맞게 연휴도 하루에서 사흘로 늘어났어. 반면 양력설 연휴는 사흘에서 이틀로, 그리고 김대중 정부 때에는 하루 공휴일로 줄어들었어.

이러한 역사를 보았을 때 음력설을 구정, 양력설을 신정이라고 부르는 것은 잘못된 표현이야. 구정은 '설'이나 '설날'로, 신정은 '새해'로 고쳐 불러야 하지. 양력설은 명절이 아니라 단지 한 해가 시작하는 첫날일 뿐이니까. 게다가 '설' 자체가 음력을 기준으로 만들어졌기 때문에 '설' 앞에 '음력'을 붙이는 것은 군더더기인 거지.

한때 일본의 식민지였던 베트남도 우리나라처럼 양력 사용을 강요받았어. 베트남도 우리나라처럼 구정과 신정을 구분했거든. 하지만 베트남 사람들도 음력설을 뗏Tet이라고 부르며 민족 최대의 명절로 지켰어. 그런데 1968년에 맞이한 음력설은 베트남 역사에 길이 남는 날이 되었어. '구정공세'라는 사건 때문이야.

구정공세
쉴 틈을 노려 쉴 틈 없이 공격하라

뗏은 우리의 설날과 한가위를 합한 것만큼 중요한 명절이야. 베트남은 뗏을 전후로 일주일 정도를 쉬어. 이 기간에는 전쟁까지 멈추고 다들 명절을 즐기지. 하지만 모두가 마음을 놓고 즐기던 1968년의 뗏은 피로 얼룩졌어.

미국은 1964년 이후 베트남에 본격적으로 군대를 파견했어. 당시 베트남은 북위 17도선을 경계로 두 정권이 들어서 있었어. 마치 광복 후 한반도의 상황처럼 북베트남에는 호치민 중심의 베트남인민공화국이, 남베트남에는 베트남국이 자리 잡았지. 북베트남의 베트남인민공화국은 공산주의 국가였어. 미국은 남베트남의 공산화를 막는다는 이유로 베트남국에 막대한 지원을 퍼부었지.

그런데 남베트남에서 반란이 일어났어. 남베트남 정부가 농민들의 바람대로 토지 개혁을 하지 않고, 제네바 협정에서 약속한 남북 통일 선거를 거부하자 참다못한 사람들이 반란을 일으킨 거야. 그 반란의 중심에는 베트콩이라고 불리는 남베트남 공산주의자들이 있었어. 북베트남 정부는 베트콩을 지원했어. 남베트남 정부는 호치민의 정규군과 베트콩을

> **베트콩** Viet Cong
> Viet Nam Cong San의 약자로 베트남 공산주의자를 말함. 정식 명칭은 '남베트남 해방 민족 전선'으로 베트남전쟁에서 남베트남의 경찰과 미군을 상대로 치열한 전투를 벌임.

통킹 만 사건(1964)
베트남 동쪽 통킹 만에서 일어난 사건으로 북베트남 경비정이 미군 구축함에 선제공격을 가했다며 대대적인 반격을 가함. 훗날 이 사건은 미국이 꾸민 자작극으로 판명 남.

소이탄
불로 태워서 살상하는 무기. 물로도 꺼지지 않고 절단을 하지 않으면 그냥 불에 타 죽게 만드는 치명적인 무기.

상대로 힘겨운 싸움을 벌여야 했지. 그러자 미국은 1964년 통킹 만 사건을 일으켜 본격적으로 베트남전쟁에 뛰어들었어.

북베트남 정부와 베트콩은 미군과 남베트남 정부에 맞서 끈질기게 싸웠어. 미군 또한 언제, 어디에서 나타날지 모르는 베트콩의 게릴라전을 힘겹게 막아 내야 했지. 베트콩 최고의 무기이자 방패막이는 정글이었어. 미국은 이 정글을 없애기 위해 고엽제를 뿌리고 소이탄을 떨어뜨렸어. 울창했던 정글은 메말라 갔고, 불바다를 이루며 잿더미로 변해 갔어.

전쟁이 길어지면서 양측 모두 피해가 이만저만이 아니었지. 결국 베트콩은 최후의 강수를 두기로 해. 베트남 최대 명절 뗏 연휴에는 전쟁도 잠시 쉰다고 했잖아. 베트콩은 1968년 1월 31일, 뗏 연휴에 휴전 약속을 깨고 미군이 방심한 사이에 총공세를 퍼부었어. 이 사건이 구정공세야.

남베트남의 수도 사이공은 구정을 맞아 귀경 인파로 인산인해였고, 귀경 차량들도 북새통을 이뤘지. 그러다 보니 검문소에서도 차량들을 그냥 통과시켰어. 이것을 노린 베트콩은 귀경 행렬로 위장하고, 무기를 관이나 야채 운반 수레에 숨겨 옮겼어. 이렇게 해서 남베트남의 주요 도시에 잠입한 베트콩의 수는 8만 5천 명에 이르렀어. 구정을 맞이한 밤, 남베트남 전역은 전쟁터가 되었어.

베트콩 특공대는 미국 대사관을 일시적으로 점령했어. 대사관을 둘러싼 전투 장면은 여과 없이 미국까지 방송됐지. 미국 국민들은 미국의 아들들이 총에 맞아 쓰러지는 장면을 안방에서 시청하면서 큰 충격에 휩싸였어. 그동안 존슨 대통령과 군사령부가 베트남전쟁이 곧 미국의 승리로 끝날 것이라고 외쳐 댄 것이 거짓말로 밝혀진 거야. 전쟁이 길어지면서 미군의 피해는 눈덩이처럼 불어났어. 게다가 구정공세로 인해 미국 안에서도 전쟁을 반대하는 목소리가 높아졌지. 미국이 승리할 것이라는 장밋빛 환상 또한 자취를 감췄고.

베트콩의 기습 공격을 받은 미군과 남베트남군은 신속히

| 구정공세 때 군인에게 안겨 피할 길을 찾은 아이.

반격을 가했어. 남베트남의 도시 대부분을 다시 찾긴 했지만 수도 사이공과 옛 도읍 후안에서는 거의 한 달에 걸쳐 긴 소탕 작전이 지속되었어. 베트콩의 피해도 엄청났어. 주요 간부들은 거의 전사했고 군대는 반쪽이 났지. 사이공 한복판에선 베트콩을 권총으로 즉결처분하는 끔찍한 일이 연일 벌어졌어.

이렇게 구정공세는 사실상 양쪽 진영 모두에게 군사적으로 큰 실패를 안겨 준 전쟁이었어. 하지만 정치적, 심리적인 면에서는 베트콩이 성공한 전쟁이었지.

미국 국민은 구정공세를 계기로 베트남전쟁이 더 이상 민주주의를 수호하는 정의로운 전쟁이 아니라는 것을 깨달았어. 그리고 명분 없는 전쟁에 반기를 들기 시작했어. 수십만의 군중들이 우드 스탁 록 페스티벌에 참여해 반전을 외쳤지. 록 음악은 당시 반전 운동과 저항의 상징이었어. 미국의 존슨 행정부는 베트남과 미국, 두 개의 전선에서 사투를 벌여야 했지. 언론의 압박이 거세지고 반전 운동이 확산되자 존슨 대통령은 폭탄 발언을 하기에 이르렀어. 재선 불출마 선언으로 사실상 베트남 문제에서 발을 빼려고 한 거야. 결과적으로 구정공세는 미국 내 반전 분위기를 고조시키고 존슨 행정부를 무너뜨렸다는 데 의미가 있어.

미군은 1973년 베트남에서 완전히 철수했어. 그로부터 2년 후 북베트남군의 총공세로 사이공은 함락 직전 상황까지 갔지. 미국 대사관 옥상은 헬리콥터를 타고 '36계 줄행랑'을 치는 직원들과 남베트남 사람들로 넘쳐 났어.

미국은 지금도 베트남전쟁처럼 실패할 전쟁을 계속하고 있어. 걸프 전쟁과 아프가니스탄 침공은 전쟁에 무감각해진 평화주의자 미국의 모습을 잘 보여 주지. 지금 미국은 또 어떤 전쟁을 준비하고 있을까? 그 전쟁이 무엇이든 또 다른 베트남전쟁이 될 가능성이 높아.

36계 줄행랑
사느냐 죽느냐의 갈림길에서 선택한 최후의 방법

『36계』는 중국의 여러 고전들을 종합해서 만든 병법서야. 『36계』를 『손자병법』과 같은 책으로 알고 있는 사람들이 많은데 둘은 전혀 다른 책이지. 『36계』에는 싸움에서 이기기 위한 서른여섯 가지 꾀와 방법이 들어 있어. 그중 마지막 방법이 주위상책走爲上策인데, '달아나는 것이 가장 좋은 꾀'라는 뜻이야. 흔히 도망치는 것이 최선일 때 사용하는 '36계 줄행랑'은 바로 '36계 주위상'에서 유래했어.

『36계』에서는 주먹과 발이 오가는 정면 대결 방식을 선호하지 않아. 셋을 세고 뒤돌아 총을 쏴서 승패를 가르는 카우보이식의 결투는 되도록 피한다는 말이지. 최소한의 힘으로 적을 이기는 방법, 자신의 힘을 아끼면서 적을 무찌르는 방법, 적의 공격 의지를 사전에 꺾는 방법, 그것도 여의치 않을 때는 도망치는 방법 등을 소개하고 있어.

『36계』 중 6번째 계책은 성동격서聲東擊西야. 소리聲는 동쪽東에서 내고, 공격擊은 서쪽西으로 하라는 작전이지. 농구 선수가 상대를 속일 때 쓰는 페이크fake를 떠올려 봐. 페이크는 패스를 할 때 시선은 다른 곳을 보면서 빈곳으로 공을 주는 기술이잖아. 내가 원하는 곳을 상대에게 알리지 않고 오히려 다른 곳에 주의를 끌어 원하는 곳을 공격하는 꾀가 바로 이 작전이야. 6·25전쟁 당시 인천 상륙작전도 북한군의 허를 찌른 일종의 성동격서 전략이라고 할 수 있어.

가장 널리 읽히는 중국의 역사 소설 『삼국지연의』에도 여러 가지 전술과 전략이 등장해. 위나라 대군의 공격으로 위기에 직면하자 제갈량은 늙고 병든 병사들에게 성문을 활짝 열고 청소를 하라고 지시해. 그리고 자신은 성 꼭대기에 올라가 거문고를 연주하지. 위급한 전시 상황에 병사들이 성문을 활짝 열어 놓고 한가하게 청소를 하고, 수장이라는 사람은 한 술 더 떠 악기를 연주하고 있었던 거야. 이를 확인한 위나라 군대는 분명히 함정이 있을 것으로 판단해 후퇴를 선택해. 제갈량의 이 전략은 마치 빈 성인 것처럼 위장해 상대를 혼란을 빠뜨리게 하는 계획이라고 해서 공성계空城計라고 해. 겉으로는 허세를 부리지만 사실은 준비가 전혀 안 된 상태를 빗대어 표현할 때 사용하기도 하지. 공성계는 『36계』

중 32번째 계책이야.

역사에는 내 손에 피를 묻히지 않고 남의 칼을 빌려 상대를 제압한 일들이 비일비재해. 이를 세 번째 계책인 차도살인借刀殺人이라고 하지. 『삼국지』에 등장하는 왕윤은 숙적 동탁을 제거하는 데 차도살인의 꾀를 냈어. 그는 동탁의 양아들인 여포가 양아버지를 죽이게끔 했어. 그야말로 막장 드라마라고 할 만하지. 왕윤은 수양딸 초선을 동탁과 여포에게 접근시켜. 중국 4대 미녀 가운데 한 명이었던 초선은 달도 부끄러워 구름 뒤로 숨었다고 할 만큼 아름다웠어. 동탁과 여포는 초선의 치명적인 유혹에 빠져들었어. 초선은 둘 사이를 이간질했고 결국 동탁은 양아들 여포 손에 목숨을 잃지. 적토마 위에서 활을 쏘며 세상을 호령하던 여포가 큐피드의 화살 한 방에 무너진 거야.

이렇게 미모의 여인을 이용해 적을 함정에 빠뜨리는 미인계美人計는 36계 중 31계의 내용이야. 동서양을 막론하고 가장 널리 이용되는 전략이지. 영화 〈007〉 시리즈에서도 본드 걸의 활약은 제임스 본드에 뒤지지 않잖아. 실제로 이러한 미인계에 빠져 나라를 '도탄에 빠지게' 한 지도자들이 많이 있어.

도탄塗炭에 빠지다
입시 지옥, 취업 지옥, 결혼 지옥에서 허우적대는 현대인을 두고 이르는 말

중국 역사에서 폭군 하면 걸桀과 주紂를 꼽아. 주는 은殷나라의 마지막 왕으로 요부 달기에 빠져 방탕한 세월을 보낸 것으로 유명해. 주와 달기,

이 두 사람은 '묻지마 살인'에 버금가는 극악무도한 만행을 스스럼없이 저질렀어. 아무런 죄 없는 사람의 배를 재미 삼아 갈라 볼 정도였다지. 게다가 주는 얼마나 향락을 즐겼는지 '연못을 파서 술을 채우고 숲에 고기를 걸어 놓았다'는 의미의 고사, 주지육림酒池肉林을 만들어 낸 주인공이기도 해.

걸은 중국 최초의 왕조 하夏나라의 마지막 왕으로 포악하고 사치한 왕의 대명사로 불려. 걸의 폭정은 무시무시했어. 이글이글 타오르는 숯불 위에 기름을 칠한 구리 기둥을 걸쳐 놓고 그 위로 사람을 지나가게 할 정도였지. 흔히 포악한 정치에 시달리는 백성들의 괴로움을 도탄지고塗炭 之苦라고 표현해. 도탄은 진흙 도塗, 숯 탄炭을 써서 진흙탕에 빠지고 숯불에 탄다는 뜻이야.

도탄지고는 이렇게 폭정을 일삼던 걸왕을 몰아내고 은나라를 세운 탕왕의 이야기에서 나왔어. 탕왕은 무력으로 하나라를 무너뜨리고 은나라를 세운 스스로를 부끄러워했어. 이유야 어찌됐든 자신이 모시고 있던 왕을 배반하고 왕좌에 오른 거니까. 그는 행여 신하들이 자신의 행동을 구실 삼아 왕위를 빼앗지는 않을까 하는 두려움과 근심에 시달렸어. 그러자 신하 중훼가 글을 지어 탕왕을 위로하고 불편한 심기를 다독여 주었어.

"하나라 걸왕이 덕이 없어 백성들이 도탄에 빠졌던 것을 기억하십시오. 하늘이 지혜와 용기를 주셨으니 하늘의 명령을 받들어 은나라를 이끄소서."

중훼는 탕왕의 혁명을 도탄에 빠진 백성들을 구원한 혁명으로 규정했지. 이 글로 인해 탕왕의 혁명은 정당화되었고 탕왕 또한 마음의 짐을 내려놓을 수 있었어.

걸왕의 폭정으로 망한 하나라와 그 토대 위에 세워진 은나라의 백성들은 춘추전국시대에 이르러서는 나라 잃은 설움을 안고 살아야 했지. 그들은 기冀나라에 모여 살았어. 망한 나라의 백성들은 부정적인 이야기의 단골 소재였어. '기우'라는 말 알지? 쓸데없는 걱정과 근심이라는 뜻이잖아. 그런데 이 말은 본래 '기나라 사람들의 걱정'이라는 뜻이야. 기나라 사람들은 어리석어서 하늘이 무너지고 땅이 꺼지면 어찌하나 근심한다는 이야기에서 유래했지.

사는 게 힘들수록 잘나가던 과거를 회상하기 마련이지. 도탄에 빠진 백성들은 태평성대를 누렸던 '요순시대'를 그리워했어.

▌요순시대 堯舜時代
지금 현실에는 없는 파라다이스

요순시대는 중국 역사상 가장 태평성대를 이룬 요임금과 순임금의 시대를 말해. 오늘날에도 요순시대를 최고의 평화 시대로 꼽아. 요와 순 모두 검소하게 살았고, 특별히 치수治水:수리 시설을 잘 정비해 홍수나 가뭄의 피해를 막는 일에 힘써 백성들로부터 존경을 받았어.

요임금의 통치 시대에는 전쟁이 한 번도 없었어. 오곡은 무르익었고 백성들은 행복했으며 문을 걸어 잠그지 않아도 불안하지 않았지. 사람들은 이러한 태평성대를 노래로 만들어 부르기도 했어. 땅을 치면서 노래를 부른다고 해서 '격양가擊壤歌'라고 해. 요임금이 민생 시찰을 나왔을 때 노인들이 이 격양가를 불렀다고 하지.

> 해 뜨면 들에 나가 일하고
> 해 지면 집에 돌아와 쉰다
> 우물을 파 마시고
> 밭을 갈아 배를 채우니
> 내 살아가는 데 임금의 힘 있으나 마나일세

임금의 존재가 무의미하다고 할 정도니 정말 살기 좋은 시대였나 봐. 요임금도 격양가를 듣고 매우 흡족해했다고 하지. 격양가가 요임금 때가 아니라 후대에 만들어졌다고 보는 견해도 있지만 언제 만들어졌든지 요임금 시대가 태평성대였던 것만큼은 분명해. 공자도 『논어』에서 요임금을 위대하고 큰 임금으로 묘사했거든.

그런데 요임금에게도 골칫거리가 있었어. 홍수 때마다 황허黃河황하 강이 범람했거든. 황허 강의 물이 넘치면 한해 농사가 물거품이 되었어. 요임금은 반드시 물을 다스려야 했지. 이에 곤이라는 사람을 기용해 치수 사업을 전개했어. 곤은 9년간 사력을 다했지만 치수에는 실패했어.

요임금은 늙고 기력이 쇠하자 제위를 물려줄 사람을 찾아야 했어. 아들은 왕위를 물려받을 재목이 아니라고 판단했거든. 그래서 자신의 뒤를 이을 인재를 추천받았어. 이렇게 민주적인 절차를 거쳐 덕망 있는 자를 왕으로 뽑는 방식을 선양禪讓이라고 해.

요임금이라고 해서 자식에게 왕위를 물려주고 싶지 않았을까? 하지만 혈연을 초월해서 백성과 나라를 잘 다스릴 인물을 뽑고 싶었던 거야. 과

연 선왕이라고 할 만해. 선양의 방식으로 뽑힌 첫 번째 임금이 바로 순이야. 순은 효성이 지극한 인물로 유명했어. 계모와 이복동생이 음모를 꾸미며 해하려고 했을 때도 오히려 그들을 사랑으로 품었다지.

순임금 또한 치수 사업에 노력을 기울였어. 그는 요임금 시절 치수를 담당했던 곤의 아들인 우를 기용했어. 우는 순임금의 기대에 부응했고 아버지의 못 다한 숙제를 마쳤어. 우의 공적을 높이 산 순임금은 우에게 제위를 넘겨 주었지. 이렇게 우임금은 선양의 두 번째 수혜자가 되었어.

우는 중국 최초로 국가 형태를 갖춘 하나라를 세웠어. 하지만 선양 제도를 버리고 세습을 선택해 아들 계에게 왕위를 물려주면서 요순시대의 끝을 알렸어. 한 가문이 권력을 독점하는 시대가 시작된 거지.

세습世襲
한 집안의 재산이나 신분, 직업 따위를 대대로 물려주고 물려받는 일.

공자의 학설과 학풍을 신봉하고 연구하는 학파인 유가儒家에서는 하나라가 세워지기 전까지를 대동사회大同社會라고 불러. 대동사회는 유가가 주장하는 이상적인 사회로 선양이 행해지던 요순시대를 가리키는 또 다른 말이야. 공자의 말을 빌리면 "천하가 공공을 위한" 사회가 바로 대동사회지. 천하는 개인이 아닌 모두를 위한 것이기 때문에 어진 사람이 다스려야 해. 하지만 우임금이 아들에게 제위를 세습하면서 대동사회는 종말을 고했어. 천하가 한 집안을 위해 봉사하기 시작했으니까.

한 가문이 권력을 독점하자 수많은 폐단이 나타났어. 무능한 왕을 제거하고 왕위를 차지하려는 정치 싸움도 빈번하게 일어났지. 이런 혼란의 시대에 살던 사람들은 요순시대에 무한한 향수를 느꼈을 거야.

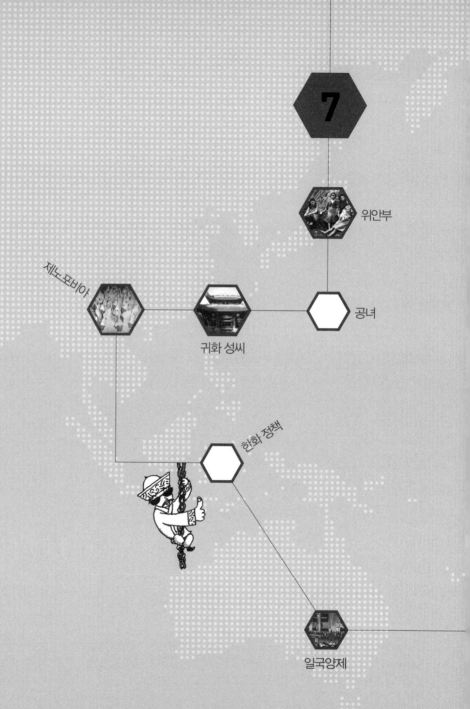

7

위안부

제노포비아

귀화 성씨

공녀

한화 정책

일국양제

위안부 慰安婦

잊고 싶지만 끝까지 기억해야만 하는 역사

위안부란 일제강점기에 일본군 위안소로 끌려가 성노예 생활을 강요당한 여성들을 말해. 1937년, 중일전쟁 이후로 일제는 우리나라 사람들을 전쟁의 도구로 동원하기 시작했어. 그러면서 징병, 징용, 정신대란 말이 생겨났어. 징병과 징용은 각각 강제 동원된 군인과 노동자를 말하는 것이고, 정신대는 어떤 목적을 위해 몸을 바치는 부대였어. 특별히 여성으로만 구성된 경우를 여성정신대라고 했지. 그런데 여성정신대가 대부분 일본군 위안부로 동원되면서 정신대와 위안부는 같은 의미의 말로 굳어졌어.

지금도 뜨거운 감자인 일본군 위안부 문제는 심각한 국제 문제로도 대

두되었어. 전쟁 시기에 도입된 불가피한 제도라는 일본의 설명은 국제 사회를 납득시키지 못하고 있어. 강제성을 전제로 한 위안부 제도는 명백한 범죄 행위지. 그러나 분명 집단적인 성범죄 행위임에도 가해자들 대부분이 죄책감조차 느끼지 못한다는 것에 심각성이 있어.

임신한 위안부 소녀와 그 옆에서 걱정스러운 표정으로 지켜보고 있는 다른 소녀들. 환하게 웃고 있는 일본 군인의 모습이 대조적이다.

1993년, 일본 정부는 당시 일본군이 위안부 동원에 직접 관여했다는 담화를 발표하기도 했어. 그러나 한편으로는 군이 직접 위안부를 모집하지 않았다며 발을 빼려 했어. 군이 민간업자에게 위안소 운영을 위탁했고 그들이 위안부를 모집했다며 변명을 했지. 하지만 군이 민간업자를 선정했고 위안부를 모집할 때도 헌병, 경찰에게 긴밀하게 협조하라고 지시를 내렸어. 대개는 돈을 벌 수 있게 해 준다고 속여 끌고 갔지. 이는 일본 형법으로 따져도 유괴나 인신매매에 해당해. 위안부 문제는 국제법으로 보나 일본의 법으로 보나 명백한 범죄 행위인 거야.

일본은 위안부 동원에 폭력성이 전혀 없었다고도 변명했어. 이는 위안부를 모두 매춘부로 매도하는 어이없는 말이야. 위안부 동원에 폭력이 배제되었다는 말은 자발적으로 지원했다는 말이 되니까.

태평양전쟁 당시 조선에서 '인간 사냥'을 담당했던 동원 부장 요시다가 쓴 『조선인 위안부와 일본인』에는 위안부 동원 과정이 잘 기록돼 있어. 요시다 패거리는 경찰 호송차량을 앞세우고 민가에 들어가 남자들을 강제로 착출했어. 요시다는 전쟁 상황이었기 때문에 별 죄책감이 없었다고 해. 하지만 위안부를 착출하는 일에는 혐오감을 느꼈어. 그에게 위안부 사냥 지시가 내려온 건 1944년 봄이었어. 100명의 위안부를 착출하라는 명령이었지. 명령서에는 임신만 하지 않으면 기혼자도 괜찮다고 적혀 있었어. 18세 이상의 여성만 징발해야 했지만 그 이하도 상관없었고. 장부에 18세로 고쳐 적으면 그만이었으니까.

상상해 봐. 자기 아내나 딸, 누나, 여동생이 강제로 끌려가 성 노예가 된다면 어떨지. 1937년 고故 정서윤 할머니의 아버지는 일본군에 반항한 죄로 순사들에게 끌려갔어. 아버지를 풀어 주겠다는 이장의 말에 속은 할머니는 인도네시아로 끌려가 8년간 능욕을 당했어. 그때가 열네 살이었어. 처음으로 강간을 당하고 성 관계를 거부한 할머니에게 일본군은 아편 주사를 놓았어. 정신이 혼미해진 할머니는 계속 일본군을 상대해야 했지.

할머니는 정말 몸서리칠 정도로 잔혹한 하루하루를 보냈어. 몸은 빼앗겼어도 마음만은 빼앗기지 않았다는 할머니의 인생에는 눈물 마를 날이 없었을 거야.

기억하지 않는 역사는 언제든 되풀이될 수 있어. 가해자는 사실을 인정하고 피해자에게 사죄해야 해. 1970년, 독일의 빌리 브란트 총리는 폴란드를 방문해 무릎을 꿇고 자신들이 저지른 전쟁 범죄에 대해 사죄했어. 일본은 독일의 용기 있는 행동을 본받아야 해. 그리고 우리는 정치와 이념의 문제를 넘어서 인간에 대한 따뜻한 관심과 사랑으로 위안부 할머니들을 보았으면 좋겠어. 여성의 인권을 유린했던 위안부 같은 파렴치한 제도는 다시는 생겨나지 말아야 해.

그런데 안타깝게도 과거 역사에도 위안부같이 강대국의 욕망과 남성의 욕망이 응축된 제도가 있었어. 바로 고려의 '공녀' 제도야.

공녀貢女
여자를 증여·납세의 대상으로 만든 몹쓸 제도

고려가 원나라에 여인을 바친 일 혹은 그 여인을 공녀라고 해. 공녀 헌납 요구는 명나라로 이어져 조선시대에도 공녀를 보내야 했어. 원나라는 양갓집(지위가 높은 집안) 처녀들을 원했어. 그야말로 여인들의 수난 시대가 시작된 거야.

고려는 결혼도감이라는 관청까지 설치해 공녀를 선발했어. 고려 충렬왕은 원나라 황실과 최초로 결혼한 왕이었어. 원나라 세조 쿠빌라이의 딸인 제국공주를 왕비로 맞았지. 그런데 이 제국공주가 공녀 선발에 앞장섰어. 제국공주가 보낸 군사들은 밤중에 민가를 침입하면서까지 공녀 선발에 열을 올렸지.

> **제국공주**
> 정식 명칭은 제국대장공주로 충렬왕이 세자로 원나라에 있을 때 혼인함. 고려 왕실과 원나라 황실 사이에 이루어진 최초의 혼인.

그래서 고려 사람들은 딸이 생기면 이웃에 알리지 않고 몰래 키웠어. 또한 일찍 시집을 보내는 조혼 풍습도 생겨났어. 삭발을 시키고 비구니 행세를 시키기도 했지. 그러다 발각이 되면 가혹한 형벌을 받았어.

실제로 『고려사』에는 이런 사례가 있어. 고려의 공신이자 고위 관리였던 홍규가 딸이 공녀로 선발되자 뇌물을 주어 딸을 빼내려고 했어. 하지만 소용이 없었어. 홍규는 마지막 수단으로 딸의 머리를 깎아 버렸어. 이 사실을 알게 된 제국공주는 홍규를 귀양 보내고 그의 딸을 쇠로 만든 매로 때렸어. 이렇게 공녀 사냥은 지위 고하를 막론하고 자행되었어.

눈물을 실은 마차는 끊이지 않고 원나라와 명나라로 향했어. 딸을 공녀로 보낸 부모가 우물에 뛰어들어 스스로 목숨을 끊는 일도 있었어.

상황이 이렇게까지 되자 고려와 조선 백성들의 원성이 하늘을 찔렀어. 공녀 제도를 없애 달라는 상소가 원나라 황제에게 올라오기도 했어. 목숨을 걸고 이러한 상소를 올린 사람은 이곡이었어. 그의 상소문에는 공녀로 자식을 잃는 부모의 심정이 절절하게 녹아 있었어. '곡을 하여 밤낮으로 우는 소리가 끊이지 않는다', '옷자락을 부여잡아 끌다가 땅에 엎어지기도 한다', '목을 매어 자결하는 자도 있다', '피눈물을 흘려 실명한 자도 있다' 같은 표현들이 쏟아졌지.

원나라 황제는 이 상소문을 읽고 공녀를 받지 않겠다고 약속했어. 그리고 상소를 올린 지 2년 뒤인 1337년에 고려에서는 공녀 제도가 완전히 폐지되었어. 아마 이곡의 상소문은 우리나라 역사상 가장 가치 있는 상소문 중에 하나일 거야. 하지만 공녀 제도는 조선 시대에 부활했어. 원나라가 멸망하고 명나라가 세워지자 다시 공녀를 요구했고 조선은 이를 따랐지.

그렇다면 원나라나 명나라가 이렇게까지 공녀를 요구한 이유는 무엇일까? 수천 명의 궁녀를 거느린 중국 황제에 대한 이야기는 들어 봤을 거야. 실제로 당나라 시인 백거이가 쓴 「장한가」에는 후궁에 빼어난 미녀 삼천 명이 있다는 뜻의 후궁가려삼천인後宮佳麗三千人이란 표현이 나와. 여기서 삼천은 많다는 것을 상징적으로 나타내는 수일 거야. 이는 제국을 다스리는 왕이 자신의 실력을 과시하기 위한 숫자였어. 원나라의 공녀 요구도 동일한 연장선상에서 해석할 수 있을 것 같아. 더 많은 후궁을 가지고 싶은 욕심인 거지. 참으로 불편한 진실이 아닐 수 없어.

반면 공녀 제도를 출세의 수단으로 삼은 집안도 있었어. 바로 기자오의 집안으로 그의 딸은 훗날 원나라의 마지막 황제 순제의 비, 기황후가 돼. 그녀는 수발을 들던 일개 궁녀였어. 하지만 빼어난 외모와 영민함으로 황제의 마음을 빼앗았지. 기황후는 황태자를 낳아 제1황후까지 오른 드라마틱한 이야기의 주인공이 되지. 기황후는 고려양高麗樣이라고 불린 고려의 풍습을 원나라에 유행시켰어. 일종의 '고려판 한류'라고 할 수 있는데, 원나라 사람들은 의복과 신발, 모자까지 모두 고려 사람들의 스타일을 따라했다고 해.

『경신외사』라는 책에는 "원나라의 고관대작이라면 고려 여인을 얻어야 명문가"라는 표현이 나와. 조선 후기 효종 때에는 왕족인 의순공주를 청나라에 공녀로 보낸 적이 있어. 하지만 청나라 구왕은 공주의 용모가 마음에 들지 않는다

의순공주
금림군 개윤의 딸로 1650년 청나라 구왕의 청혼이 있자 공주의 신분으로 봉해져 시집을 감.

며 불만을 토로했어. 결국 구왕은 의순공주와 결혼하지만 부하에게 의순공주를 다시 시집 보내는 어처구니없는 일을 저지르지. 다행히 그녀는 청나라 사신으로 온 아버지 금림군의 청원으로 고국으로 돌아갈 수 있었어.

의순공주처럼 공녀가 되어 중국 땅을 밟았다가 다시 고국으로 돌아온 경우는 많지 않아. 공녀로 끌려간 여인들 대부분은 돌아오지 못했어.

고려는 오래 지속된 대몽항쟁의 후유증으로 인구가 심각하게 줄었어. 전쟁의 타격도 컸지만 원나라에서 수십 차례 공녀를 요구했던 것도 인구 부족 현상을 가중시켰어. 이에 대한 해결책으로 고려는 외국에 나갔거나 잡혀간 유민流民들을 데려오는 이른바 추쇄推刷 정책을 펼쳤어. 또한 귀화인들

에게 땅을 주고 성姓을 내려 주면서까지 인구를 늘리려 했지. 외국인이면서 고려인으로 동화된 '귀화 성씨'자들로 인해 고려 사회는 더 다채로워졌어.

귀화 성씨 歸化 姓氏
조국은 다르지만 모국으로 한반도를 선택한 사람들

한국관광공사 사장 이참에 대해 들어 본 적 있을 거야. 이참은 원래 독일 사람인데, 한국인으로 귀화했어. 귀화란 자신이 태어난 나라의 국적을 버리고 다른 나라의 국적을 얻어 그 나라 국민이 되는 거야. 한국인이 된 이참은 독일 이씨의 시조가 되었어. 이렇게 귀화한 사람들에 의해 새롭게 만들어진 성씨를 '귀화 성씨'라고 해.

고려 시대 역사서 『고려사』나 『고려사절요』에 보면 아랍인이나 위구르인을 회회인回回人으로 표기한 기사가 간간이 등장해. 제국공주의 수행원으로 고려에 온 회회인 삼가三哥는 고려에 귀화해 장순룡이라는 이름을 받고 '덕수 장씨'의 선조가 된 인물이야. 높은 벼슬에 오른 장순룡은 덕수현縣을 식읍으로 받아 본관이 덕수가 되었어. 장순룡의 화려한 집은 화초 무늬를 놓은 담장으로 유명했는데 장씨 집안의 담이란 뜻의 '장가담'이라고 불렀어. 경복궁 자경전 뒤뜰에는 십장생 무늬 담장이 있는데 장가담을 모방한 것이라고 보는 학자도 있어. 이처럼 고려와 이슬람의 만남은 몽골의 간섭이란 특수한 배경 속에서 이루어졌고 나름대로 문화적으로도 기여했어.

공주의 수행원에 불과했지만 떵떵거리며 산 장순룡에 비하면 이용상의 처지는 초라했어. 이용상은 베트남 왕의 숙부였는데, 병약한 왕을 대신해 나라를 다스렸어. 하지만 신하의 권모술수로 왕조가 멸망하자 베트남을 탈출했어. 그는 추적을 피해 표류하다 중국 송

| 화산 이씨의 조상인 베트남 리 왕조의 사당.

나라를 거쳐 고려 화산에 도착해 살게 되었어. 20년 넘게 고려에 정착한 이용상은 고려 주민들과 함께 몽골군을 물리쳤어. 이 사실을 알게 된 고려 고종은 이용상에게 화산 이씨 성을 내려 주었는데 이때부터 화산 이씨의 시조가 된 거지. 지금은 북한 땅인 화산에는 이용상이 몽골군의 침입을 막기 위해 쌓은 것으로 알려진 안남 토성이 있다고 해. 예전에는 베트남을 안남이라고 불렀어.

여기서 질문! 김씨, 이씨, 박씨를 합하면 우리나라 전체 인구의 30퍼센트에 가까워. 그렇다면 김씨, 이씨, 박씨 성의 사람들은 당연히 각각 동일한 시조의 후손들일까? 정답은 "아니요"야.

1909년, 일제는 모든 사람들에게 성씨를 갖게 하는 민적법民籍法을 시행했어. 당시 성씨가 없던 사람들은 전체 인구의 40퍼센트나 되었는데 이들 대부분이 자신의 성씨를 김씨, 이씨, 박씨 가운데 하나로 신고했어. 새로운 성씨를 만들지 않은 것은 이름 있는 가문의 일원이 되고 싶어서였지. 일제의 강요에 의해 실시된 민적법은 김씨, 이씨, 박씨를 '거대한 가문'으로 재탄생시켰어. 반면 일본에는 10만 개가 넘는 성씨가 탄생했어. 일본 사람들은 성씨에 큰 의미를 두지 않았기 때문이야. 산속 마을에서

태어났으면 야마모라山村산촌 같은 식으로 단순하게 성씨를 지었어.

우리나라 귀화 성씨 중에는 중국계가 가장 많아. 그 이유는 무엇일까? 임진왜란과 병자호란 이후 조선은 양반의 수가 크게 늘어났어. 전쟁 비용을 마련하기 위해 조정이 나서서 양반 신분을 팔았기 때문이지. 하루아침에 양반이 된 사람들은 너도 나도 족보를 만들기 시작했어. 왜냐하면 족보가 없는 가짜 양반은 병역의 의무를 져야 했거든. 기왕에 위조하는 것이니 자신들의 시조를 신라와 고려의 유력 가문으로 삼았어. 또는 중국華을 흠모慕하는 모화사상慕華思想에 근거해 족보를 위조했어. 중국인을 조상이라고 한 거지.

이외에도 아랍계, 몽골계, 여진계, 위그루계 등 우리나라의 귀화 성씨는 정말 다양해. 우리나라 270여 개의 성씨 중 절반에 가까운 수가 귀화 성씨야. 예부터 우리나라는 다문화 사회이자 다양한 민족들을 담아낸 도가니였던 거야.

실상은 이러함에도 불구하고 흔히들 우리 겨레를 단일 민족이라고 말해. 귀화인들이 한민족의 의식이나 문화에서 동질성을 어느 정도 확보했다는 관점에서 보면 아주 틀린 말은 아니지. 그런데 단일 민족의 개념이 '제노포비아'와 만나면 민족 간의 갈등으로 번지기도 해.

제노포비아 Xenophobia
자신과 다른 것을 인정하지 못하는 질병

인류는 농경을 시작하면서부터 정착 생활을 했어. 오랜 정착 생활은 혈연과 지연을 바탕으로 공동체를 만들어 냈지. 이렇게 만들어진 공동체는 낯선 이들의 방문을 경계했어. 그들을 자신들의 공동체에 피해를 주거나 파괴할 수 있는 잠재적인 적으로 보았기 때문이야. 요즘처럼 정보화 사회가 아니었으니 외지인에 대해 정보가 거의 없다시피 했고, 경계심은 클 수밖에 없었지. 굴러 들어온 돌은 박힌 돌을 긴장시키기 마련이지. 그 결과 정착민들은 외지인들에게 텃세를 부리며 업신여겼어.

이 같은 이방 혐오 현상을 제노포비아라고 해. 이방인을 뜻하는 제노Xeno와 싫어한다는 뜻의 포비아Phobia가 합한 말로, 상대를 무조건 경계하는 심리 상태를 말하지.

멀리 갈 필요 없이 학교 안에서 생각해 볼까? 일부 학생들 중에는 전학 온 학생에게 텃세를 부리는 경우가 있지. 외모부터 훑기 시작해서 전학생의 정보를 알아내려고 신경을 곤두세워. 집단따돌림, 일명 왕따도 일종의 제노포비아로 볼 수 있어. 나와 다른 존재, 나와 다른 가치관을 가진 학생을 인정하지 않는 거거든.

제국주의 시대 식민지인들 대부분은 제노포비아를 겪어야 했어. 1923년, 관동대지진이 발생하자 폐허가 된 일본은 지진으로 인한 피해의 책임을 조선 사람들에게 뒤집어씌웠어. "조센징이다, 조센징!" 이 말 한마디에 죄 없는 조선 사람들이 죽임을 당했어. 본래 조센징朝鮮人은 조선 사람을 가리키는 일본말이었어. 하지만 일제강점기를 거치면서 조선 사람들을 비하하는 말로 쓰이기 시작했지. 미국에서 검정색을 뜻하는 니그로Negro가 흑인을 비하하는 표현인 것처럼 조센징 또한 민족차별적인 언어가 된 거야.

기왕에 미국 이야기가 나왔으니 미국의 원조 제노포비아에 대해서도 짚어 볼까 해. 미국 남부 지역은 역사적으로 흑인 차별이 심했어. 남북전

| 19세기 후반, 미국 전역의 흑인들을 공포에 떨게 만들었던 KKK단.

쟁으로 흑인 해방이 이루어진 이후에도 백인들은 흑인에 대해 여전히 극
도의 혐오를 드러냈어.

남북전쟁 이후 등장한 KKK Ku Klux Klan단은 백인 우월의식을 지닌 인
종차별주의적인 비밀결사 조직이었어. 그들은 흰색 고깔을 쓰고서 흑인
뿐만 아니라 흑인 해방에 동조하는 백인들까지 구타하거나 그들의 집을
불태우는 테러 행위를 거듭했지. 한마디로 '흑인포비아'라고 볼 수 있어.

개화기 조선인들에게는 '백인포비아'가 있었어. 『매천야록』에는 서양인
들이 아이들을 삶아 먹는다는 괴소문이 퍼져 집집마다 아
이들을 간수하느라 정신이 없었다는 기록이 있어. 주한 미
국 공사관 서기 샤이에 롱 Chaillé Long이 쓴 『조선 기행』에도
비슷한 내용이 있지. 서양에서 들여온 사진기가 소문의 진
원지였던 것으로 보여. 사람들 사이에 '서양인들이 아이들을 납치해 물
에 끓여 사진을 만든다'는 이야기가 돈 거야. 사진을 처음 본 사람들이
사진의 원리를 사람이 죽어 사진 속으로 들어가는 것이라고 믿었던 것
같아. 이러한 괴소문이 퍼지면서 서양인에 대한 두려움은 증오감으로 커

매천야록梅泉野錄
매천 황현이 기록한 역사서로 19
세기 후반 흥선대원군 집권기부
터 1910년 국권이 일제에 의해
빼앗기기까지의 상황을 서술함.

졌고, 조선 사람들은 사진관을 부수기까지 했지.

오늘날에도 제노포비아의 그림자는 여전히 드리워져 있어. 이자스민 씨가 국회의원이 되는 과정에서 극명하게 드러났지. 결혼 이주 여성 출신 제1호 국회의원 이자스민 씨는 필리핀 사람이야. 그녀가 총선에 도전하자 제노포비아를 추종하는 사람들의 비판이 잇달았어. 이민자들이 우리 민족의 혈통을 말살하고 있다고 주장했지. 이러한 태도는 제노포비아의 전형이라고 볼 수 있어. 내가 하지 못하는 것을 이방인인 네가 한다는 것에 대한 콤플렉스를 표출한 전형적인 사례지.

제노포비아를 꺾을 필살기는 관용과 포용의 정신일 거야. 철학자 마틴 부버Martin Buber는 세상이란 '나-너'의 관계와 '나-그것'의 관계로 나뉜다고 했어. 이방인을 '너'가 아닌 '그것'으로 인식하면 인격이 없는 도구가 되어 버리지. 도구는 이용하면 그만이고 그것을 통해 이익을 챙기면 되는 거야. 최근 문제가 되고 있는 외국인 노동자에 대한 차별과 천대는 이러한 비인격적인 관계 속에서 생겨났어. 이방인을 '너'로 바라볼 줄 아는 너그러운 마음이 필요한 때야.

제노포비아와는 다르게 자신의 문화를 버리고 피정복민의 문화를 채택한 경우도 있어. 중국 북위에서 실시한 '한화 정책'이 그런 경우야.

한화 정책漢化政策
따뜻한 남쪽 나라에 적응하기 위한 유목민들의 선택

한화 정책이란 중국의 화북 지역을 점령한 유목민들이 한족의 문화를 높이 평가하고 그들의 마음을 사기 위해 추진한 정책이야. 호족과 한족의 융합이라고 해서 '호한 융합'이라는 비슷한 말을 쓰기도 하지.

호족
한족이 북방 민족을 통칭할 때 사용한 용어로 남북조시대에는 선비족, 흉노, 강, 갈, 저 같은 다섯 호족이 중국의 화북 지방을 지배함.

흉노가 진(晉)나라를 무너뜨리고 화북 지방을 차지하자 갈, 강, 저와 같은 유목민들도 몰려들었어. 이 시기를 다섯 호족이 16개의 나라를 세우고 서로 경쟁했다고 해서 5호(胡)16국시대라고 불러. 그러다가 439년 선비족이 세운 북위가 북중국을 통일하면서 북조가 시작되지. 이때 강남으로 쫓겨난 한족이 세운 왕조를 남조라고 해. 그러니까 남북조시대에는 유목민 왕조와 한족 왕조가 남북으로 나뉘어 공존했던 거지. 북조라고 해서 유목민만 있었던 것은 아니야. 유목민은 지배자일 뿐이고 백성 대부분은 한족이었지. 남북조시대는 수나라가 중국을 통일하는 6세기 초까지 계속돼.

북중국을 통일하고 100년 이상 왕조를 유지한 북위는 한화 정책을 실시해 한족의 문화와 풍속을 적극적으로 받아들였지. 북조의 유목민들은 정착 생활에 익숙해지자 다시 초원으로 돌아가고 싶지 않았어. 그들이 살던 곳은 이미 다른 유목민이 차지하기도 했고, 중국 대륙은 초원보다 덜 춥고 땅이 기름져 양식이 풍부했으니까.

모든 문명이 그러하듯 외부의 영향은 새로운 문화를 만들어 내지. 한족과 유목민의 문화가 한데 엉키면서 그 차이가 점점 줄어들었어. 북조에서는 유목민의 '바지 문화'가 유행했어. 말을 자주 타는 유목민은 소매나 바지가 몸에 착 달라붙어 활동이 편한 옷을 즐겨 입었지. 그러자 남녀 구분 없이 치마나 헐렁한 옷을 입던 한족들도 몸에 꼭 붙는 옷을 입기 시작했어. 북조에 목축이 도입되면서 바지 문화는 더욱 유행했어. 오랜 전

란과 가뭄으로 땅이 황폐해지고 수백만의 한족들이 강남으로 피난을 가
농지를 돌보는 사람이 적었기 때문에 목축이 생계의 한 수단으로 자리
잡았거든. 목축이 시작되자 개를 식용으로 먹던 한족의 풍습도 점차 사
라졌어. 가축 떼를 몰고 지키는 데 개가 유용했기 때문이야.

유목민들은 한족의 언어와 성씨를 사용했고 한족과의 결혼도 장려
했어. 두 문화의 이질성은 점차 극복되었고 시간이 흐를수록 한족과 유
목민의 경계도 모호해졌지. 북조의 이러한 한화 정책은 일종의 용광로
Melting pot 정책이었던 거야. 광석이 용광로에서 녹아 철, 구리, 납 등이 되
는 것처럼 이주민인 유목민이 원주민인 한족에 동화되어 그 본연의 정체
성이 희미해져 갔다는 것이지.

반면에 당나라가 멸망한 후 등장한 유목 민족은 한족 문화에 동화되
는 것을 거부했어. 거란의 요나라, 여진의 금나라는 모두 정복 왕조로 유
목민 고유의 전통을 지키며 한족을 다스리려고 했어. 두 나라는 모두 독
자적인 문자를 만들었고 한족과의 결혼도 금지했어. 그리고 유목과 농경
의 두 요소를 서로 유지하는 이원적 통치를 시행했어.

정복 왕조의 이원적 통치는 샐러드 볼Salad bowl에 비유할 수 있어. 용광로와 달리 샐러드 볼 안에서는 서로 다른 맛을 내는 재료가 그 형태를 유지하고 있지. 이주해 온 유목민이 그들 고유의 전통을 유지하면서 한족과 어우러지는 모습을 생각하면 이해가 될 거야. 이처럼 정복 왕조는 한족에 동화되기보다 자신의 독자성을 유지하면서 한족의 체제를 수용했어.

한 나라이면서 두 개의 체제가 공존하는 방식은 1,000년 뒤 '일국양제'라는 이름으로 재탄생했어. 오늘날 중국과 홍콩이 이러한 방식을 따르고 있어.

일국양제 ─國兩制
공산주의와 자본주의, 두 얼굴을 한 아수라 백작

중국 대륙의 남동쪽에 위치한 홍콩은 큰 배가 들어오기 쉬운 깊고 넓은 바다를 끼고 있어 해양 교통이 발달했어. 홍콩은 아편전쟁으로 영국의 식민지가 되었다가 1997년에 중국으로 반환됐어. 중국의 품으로 돌아오기는 했지만, 중국은 홍콩의 자본주의를 50년간 더 유예하기로 결정했어. 중국이 홍콩에 대한 주권을 되찾은 뒤에도 특별행정구역으로 남겨둠으로써 자치권을 인정한 거야. 홍콩이 독자적으로 다른 나라와 조약을 맺을 수 있을 뿐만 아니라 나라 살림도 계획한단 말이지. 그 덕분에 홍콩은 세계 금융의 허브와 국제 무역의 중심지 자리를 계속 유지하게 되었어. 중국이라는 한 나라에 공산주의와 자본주의가 공존하게 된 거야.

| 홍콩 반환식 장면. 영국 국기가 내려가고 중국 국기가 펄럭이고 있다.

이를 '일국양제' 또는 '1국가 2체제'라고 해.

　오늘날 쇼핑의 천국이자 금융의 중심지인 홍콩은 무려 156년간 영국의 식민 통치 아래 있었어. 난징조약으로 영국의 식민지가 된 홍콩은 1997 년 7월 1일, 조약이 만료되자 영국 국기가 내려지고 중국 오성홍기가 올 라갔어.

　영국이 유독 홍콩에 눈독을 들였던 이유는 무엇일까? 영국은 황금알 과도 같았던 중국의 도자기, 비단, 차 무역을 중국의 간섭 없이 자유롭게 하고 싶었어. 영국은 난징조약을 체결해 홍콩을 자유무역항으로 선언했 어. 이때부터 홍콩은 중국 물품의 집산지이자 외국 물품이 들어오는 무역의 관문이 되었지. 관세가 없으니 자연스레 중계무역의 거점으로도 발전했어. 따지고 보면 홍콩은 영국의 국제 물류 센터, 즉 창고 역할을 한 셈이야.

홍콩 인구의 변화를 보면 홍콩의 역사를 짐작해 볼 수 있어. 영국의 식민지가 된 직후부터 홍콩의 인구는 급격하게 증가했어. 태평천국의 난을 피해 들어온 피란민부터 망명한 정치인까지 영국은 홍콩으로 몰려드는 사람들을 막지 않았어. 반대로 많은 중국인들이 외국으로 빠져나가기

태평천국의 난(1851년)
아편전쟁 이후 쇠퇴기에 들어선 청나라에 맞서 태평천국을 세운 홍수전이 중심이 되어 일으킴. 즉 만주족을 멸하고 한족을 부흥시킨다는 기치를 내걸음.

도 했어. 아메리카 대륙에서 노예제가 폐지되면서 흑인을 대체할 값싼 노동자들이 필요했고 쿨리Coolie라고 불린 중국인들은 배고픔을 해결하기 위해 미국행 인신무역선에 올라탔어. 쿨리들이 떠나는 장소가 바로 세계 각지의 무역선이 오고가는 홍콩이었던 거야.

그런데 1941년 이후부터 홍콩의 인구가 급감하기 시작했어. 일본군의 침입 때문이었어. 태평양전쟁을 일으킨 일본군을 맞아 영국연방군은 한 달을 버티지 못하고 항복했어. 마침 항복일이 12월 25일이어서 '블랙 크리스마스'라는 말이 생겨났지. 하루아침에 신세가 바뀐 영국인들은 감옥이나 일본 포로수용소에서 비참한 생활을 해야만 했어.

전쟁이 끝나고 다시 돌아온 영국은 홍콩을 직할 식민지로 만들었어. 그 와중에 1949년 공산당이 중화인민공화국을 세우자 피란민들이 대거 몰리면서 홍콩의 인구는 다시 증가했어. 피란민 중에는 상하이의 자본가들도 포함되어 있었어.

1950년대 초 미국에 이어 유엔이 중국에 대한 경제봉쇄를 선언하자 홍콩은 중국과의 교역량 감소로 경제가 어려워졌어. 이때 영국이 찾은 대안

은 피란 온 자본가들을 중심으로 한 경공업 육성이었어. 창고 역할에 머물던 홍콩은 이들의 활약으로 산업화의 길을 걷기 시작해. 값싼 노동력은 의류 산업 같은 경공업의 발전을 뒷받침했어. 휘청거렸던 홍콩은 부활을 시작했지.

1975년 베트남이 공산당에 의해 통일되자 조국을 등지고 탈출한 보트 피플도 홍콩으로 건너왔어. 이렇게 정치적, 경제적 이유로 홍콩으로 몰려든 사람들에 의해 홍콩 인구는 600만 명을 넘어섰어.

1982년 영국의 홍콩 반환 시점이 다가오자, 영국 총리 마거릿 대처가 덩샤오핑을 만나 최초로 홍콩 반환에 관한

보트 피플 Boat People
월남(남베트남)의 패망을 전후해 해로를 통하여 탈출한 베트남 난민.

덩샤오핑 鄧小平 등소평
현대 중국의 설계자란 평을 받는 정치가로 실용주의 노선에 입각한 개혁개방 정책으로 중국 경제를 크게 성장시킨 인물.

논의를 시작했어. 그 결과 중국은 일국양제로 갈 것이며 홍콩의 자치권을 인정하기로 약속했어. 하지만 덩샤오핑의 말에 의구심을 품은 60만 명이 홍콩을 떠났고 100만 명 정도는 언제든 떠날 준비가 되어 있었어. 특히 부유층을 중심으로 미국, 캐나다, 호주 등으로 이민을 갔는데 그중에는 액션 배우 성룡과 이연걸도 있었어. 캐나다 벤쿠버는 홍콩 이민자들로 넘쳐나 '홍쿠버'라고 불렸다고 해. 홍콩인들의 중국에 대한 불신을 단적으로 보여 준 현상이었어.

중국에 대한 불신은 톈안먼 사태 처리 과정에서 극명하게 드러났어. 민주주의 체제의 홍콩은 탱크를 동원해 민주화 시위를 탄압한 덩샤오핑 정부를 지켜보았어. 100만 명의 홍콩 시민들이 중국을 규탄하는 시위에 자발적으로 참여했어. 이러한 현상은 '난민 공화국' 홍콩에서는 굉장히 이례적인 일이었어. 이 일로 정치에 무관심했던 홍콩인들조차 과연 덩샤오핑이 일국양제를 시행할지 의문을 품게 되었지. 사실 덩샤오핑도 홍콩

의 민주주의가 중국 본토에 끼칠 영향을 우려했거든. 1997년 중국인민 해방군이 들어오면 홍콩의 운명이 바뀔지 모른다는 두려움, 그것이 홍콩 인들의 이민을 부추겼어.

하지만 걱정할 만한 사태는 일어나지 않았어. 덩샤오핑은 개방 정책으로 사실상 중국 경제를 자본주의화시킨 장본인이었어. 그의 흑묘백묘黑猫 白猫론, 즉 쥐만 잘 잡는다면 검은 고양이든 흰 고양이든 상관없다는 주장은 사실상 자본주의를 인정한 것이나 다름없었어. 물론 중국은 '사회주의 시장경제'라는 말로 자본주의를 에둘러 표현했지만 말이야. 경제를 개방한 중국이 굳이 홍콩의 발달된 자본주의를 거부할 리 없었어. '영국의 점포'가 '중국의 점포'로 바뀌었을 뿐 홍콩의 자본주의는 '이상 무'야.

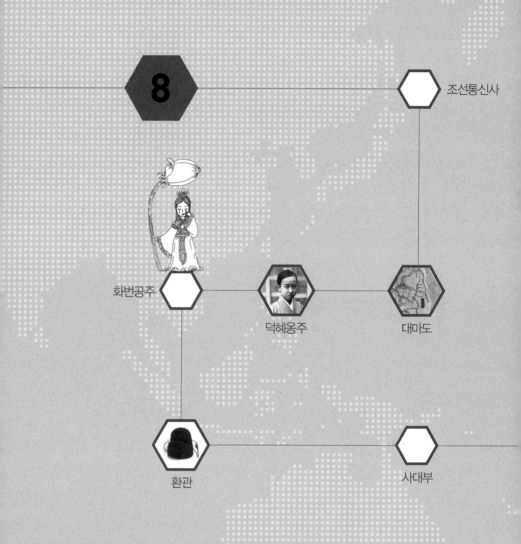

8

조선통신사

화번공주

덕혜옹주

대마도

환관

사대부

조선통신사 朝鮮通信使
조선의 축소판, 일본에 문화를 전하다

조선통신사는 조선의 왕이 일본국왕에게 파견한 사신이자 문화사절단이야. 조선 초부터 일본 무로마치 막부는 일본국왕사라고 불리는 사절을 조선에 파견했고 이에 대한 답례로 조선은 회례사나 보빙사를 파견했어. 통신사라는 명칭은 세종 때에 정착되었지.

일본도 조선과 마찬가지로 명나라에 조공을 바치고, 명나라로부터 통치자를 책봉 받으면서 우호 관계를 유지했어. 중국의 질서 속에서 보자면 조선과 일본은 중국 주변의 약소국으로 대등한 관계였던 거야. 이렇게 조선과 일본은 명나라를 함께 섬기는 나라이자 서로 이웃한 나라로 좋든 싫든 꾸준히 교류하며 발전했는데 이를 교린交隣 관계라고 해. 교린 관계

조선통신사 행렬도.

를 맺은 후 두 나라 최고 통치자는 외교적인 사안을 논의하기 위해 각각
사절을 파견했던 거지.

　일본과의 교린 관계가 잠시 끊어진 것은 임진왜란 때였어. 조선은 임진
왜란 전에 주로 왜구 침입에 대해 항의하고 이를 금지해 달라고 요청하기
위해 통신사를 파견했어. 황윤길과 김성일은 조선통신사 가운데 가장 널
리 알려진 인물들이지. 이 둘은 도요토미 히데요시가 일본을 통일했을
때 선조가 통신사로 파견했어. 통일 후 일본의 정세와 분위기를 알아보
는 것이 주된 임무였지. 그런데 일본을 다녀온 두 사람은 서로 상반된 보
고를 했어. 황윤길은 일본 침략에 대비할 것을 주장한 반면, 김성일은 도
요토미 히데요시는 절대 두려워할 인물이 아니라고 한 거야. 조정은 황윤
길의 의견을 묵살하고 김성일의 의견을 받아들였고 결국 임진왜란이라
는 참혹한 전쟁을 겪어야 했지. 일본군은 일본국왕사가 드나들던 길을 따
라 북진해 한양을 점령했어. 임진왜란으로 조선과 일본 간의 관계에 먹구
름이 끼자 통신사 파견도 주춤하는 듯했어.

　임진왜란이 끝나자 도쿠가와 이에야스는 에도 막부를 세웠어. 도쿠가와 이에야스는 막부의 우두머리인 쇼군으로서의 권위를 과시하기 위해 조선에 통신사를 요청했어. 당시 조선통신사의 행차는 무척이나 화려해서 일본 사람들에게 좋은 볼거리를 제공했거든. 조선에서 통신사까지 파견해서 새로운 막부의 성립을 축하하는 것 같은 분위기를 만들어 일본 국민들로부터 정당성을 인정받고, 한편으로는 지방 다이묘들의 기를 사전에 누르려는 의도였던 거야. 거기에 통신사 접대 책임을 각 다이묘들에게 맡겨 그들의 경제력을 약화시키려는 속셈도 있었지.

하지만 임진왜란을 치른 조선은 일본의 요청을 들어줄 마음이 전혀 없었어. 그렇지만 일본에 잡혀간 조선 포로 문제를 해결하고 북방의 여진족에 대비하기 위해서는 거절하기 어려웠지. 여진족이 조선의 북쪽 변경을 자주 침략하며 위협하던 때라서 남쪽의 일본까지 적으로 둔다면 조선으로서는 큰 부담이 아닐 수 없었거든. 그래서 통신사 파견에 앞서 탐적사探賊使를 파견하기로 결정했어. 탐적사는 '적을 탐색하는 사절'이란 뜻으로 조선과 일본의 국교가 정상화되기 이전이었기 때문에 '적'이란 표현을 쓴 거야.

1604년 사명대사가 탐적사 자격으로 일본에 파견되었어. 사명대사는 도쿠가와 이에야스가 임진왜란에 참여하지 않은 인물이며 조선과 평화적인 관계를 원한다는 것을 확인했다는 보고와 함께 전쟁 포로 1,390명을 데리고 왔어.

이에 조선은 두 가지 조건을 내걸고 일본과 평화 협정을 맺기로 했어. 일본국왕의 이름으로 국서를 보낼 것과 임진왜란 당시 왕릉을 훼손한 범인을 붙잡아 보내라는 것이었지. 일본은 한 달 만에 조선이 요구한 국서와 도굴범을 조선으로 보냈어. 1607년, 조선은 회답겸쇄환사回答兼

刷還使라는 사절단을 일본에 파견했어. 일본국왕이 보낸 국서에 대한 회답을 전하고 조선 포로들을 데리고 온다는 뜻을 나타낸 명칭이었지. 회답겸쇄환사는 세 차례 파견되었고, 4차 여정부터는 통신사로 바꿔 불렀어. 이로써 조선과 일본은 다시 신의를 바탕으로 교류하는 사이가 된 거야.

통신사 파견 경비는 부산까지는 조선 조정이 부담했고, 이후로는 일본이 모두 감당했어. 통신사 행렬이 지나가는 곳의 다이묘들은 수백 명에 이르는 통신사 일행의 숙식과 이동 수단을 제공하기 위해 천문학적인 비용을 지출해야 했어. 통신사는 배를 타고 쓰시마를 거쳐 교토까지 간 다음, 육로를 이용해 에도까지 걸어갔어. 육로 중에는 조선인 가도라고 불리는 길이 있었는데, 본래 쇼군만이 다닐 수 있는 길이었어. 일본이 통신사를 얼마나 극진하게 대접했는지 알 수 있는 대목이야.

통신사는 삼사라고 불린 정사, 부사, 종사관이 이끌었어. 정사는 조선 국왕의 국서를 책임졌고 부사는 이를 보좌했어. 종사관은 통신사의 여정을 기록하는 임무를 맡았지. 비교적 높은 관리들 가운데 뽑힌 삼사는 통신사 임무를 그리 달가워하지 않았어. 일본을 오가는 여정은 천국과 지옥을 왔다 갔다 하는 위험한 일이었거든.

실제로 1763년 부산을 떠난 통신사 일행이 표류하는 사건이 있었어. 날씨가 사나워 파도가 거세지면서 배의 방향을 바꾸는 키의 조정 장치가 부러진 거야. 당시 상황은 『승사록』에 "사람마다 모두 만 번 죽다 한 번 살아났다고들 했다. 어지럽지 않은 사람이 없으니, 심한 사람은 얼굴이 검어지고 입에서 누런 물을 토했다"고 기록되어 있어. 이 외에도 배에 불이 나 사상자가 발생하는가 하면 때 아닌 역풍으로 발이 묶이기도 했어. 그렇다고 가던 길을 멈출 수는 없으니 통신사로 지목되는 일은 피하고 싶을 수밖에.

시간이 지나면서 통신사는 국서 전달자에서 문화사절단으로 의미가 확장되었어. 통신사 행렬이 머무르는 일본 전역에서는 조선과 일본의 문인들이 시를 주고받았어. 그들이 읊은 시는 곧바로 책으로 발간되기도 했는데, 오사카에서 머물 때 오고 간 시문이 에도에 갔다 온 한 달 사이에 책으로 엮여 나오기도 했지. 일본인들은 통신사 일행이 쓴 글씨나 그림이라면 일단 얻으려고 했어.

통신사는 1811년에 마지막으로 파견되고 역사 속에서 사라졌어. 일본은 혼란한 내부 사정과 서구와의 교류로 더 이상 통신사를 요청하지 않았지. 마지막 통신사 행렬의 종착지는 일본 본토가 아닌 '대마도'였어.

▌대마도 對馬島
▌일본과 한국에 양다리를 걸치고 두 나라와 애증을 나눈 섬

대마도는 쓰시마 tsushima 라고 부르는 일본 영토야. 우리나라의 독도처럼 상도와 하도, 두 개의 섬으로 나뉘어져 있지. 그런데 대마도는 일본으로부터는 100킬로미터 이상 떨어져 있는데, 부산에서는 50킬로미터도 채 떨어져 있지 않아. 이렇게 우리나라와 가깝다 보니 역사적으로도 밀접한 관계를 맺어 왔어.

원나라는 고려를 여섯 차례 침입한 끝에 강화를 맺었어. 고려는 왕실을 유지한다는 조건으로 원나라의 지배를 인정했지. 원나라는 고려에 정

동행성이라는 기구를 설치하고 일
본 정벌을 준비했어. 합천(마산)에
집결한 여몽연합군은 900척이 넘
는 배에 몸을 싣고 대마도에 상륙
했지.

당시 일본은 가마쿠라 막부 시
대였어. 대마도주對馬島主 소 스케쿠
니는 쇼군에게 충성을 바치던 다
이묘였지. 그는 말을 몰고 앞으로 나
와 장수끼리 한판 붙자고 소리치며
여몽연합군의 기세에 당당하게 맞
섰어. 하지만 여몽연합군의 답변은

조선시대 지리지 『동여비고』에는 대마도가 한국
땅으로 나와 있다. 오른쪽 끝에 있는 큰 섬이 대
마도다.

화살 세례였고 그는 목숨을 잃었지. 지휘관을 잃은 대마도는 곧 여몽연
합군의 수중에 떨어졌어.

대마도를 확보한 여몽연합군은 두 차례에 걸쳐 일본을 공격했지만 번
번히 실패했어. 예상치 못한 태풍 때문이었지. 밤중에 불어 닥친 태풍이
정박하고 있던 여몽연합군의 배를 모두 부숴 버렸거든. 일본은 자신들을
지켜 준 이 고마운 태풍을 신이 내려 주었다며 가미가제神風:일본 자살특공
대의 이름이기도 하다라고 불렀어. 그러나 대마도는 이미 여몽연합군의 두 차
례 출정으로 엄청난 피해를 입은 터라, 왜구는 대마도를 근거지로 해서
고려와 원나라에 대한 증오심을 키웠지. 당시 왜구는 주로 한반도 남해
안과 중국 동해안에서 쉴 새 없이 노략질을 일삼은 해적이야. 훗날 고려
가 멸망하는 데도 왜구의 침입이 큰 타격을 주었어.

맑은 날이면 대마도 북쪽의 오우라에서는 부산을 볼 수 있다고 해. 현재 해상 자위대가 주둔하고 있는 오우라는 예부터 군사적 요충지였어. 임진왜란 당시 조선 정벌군의 집결지이기도 했지. 조선으로 제일 먼저 출정한 제1군단 장수 고니시 유키나가는 대마도주였던 소 요시토시를 사위로 삼았어. 그런데 사실 소씨는 도요토미 히데요시의 명령에 따라 고니시의 딸 마리아와 정략결혼을 한 거였어. 임진왜란을 준비하면서 병력을 키우려는 의도가 있었거든.

그런데 도요토미 히데요시가 죽고 임진왜란이 끝난 후 도쿠가와 이에야스가 정권을 잡자 상황이 달라졌어. 도요토미 히데요시 편에서 도쿠가와 이에야스 편에 맞서 싸웠던 고니시는 참수형으로 목이 떨어지고 말았지. 그러자 장인의 편에서 싸웠던 소씨도 궁지에 몰렸어. 소씨가 직접 도쿠가와 이에야스에 맞서지는 않았어도 수하들을 보내 장인을 도왔거든. 소씨는 꾀를 내어 마리아와 이혼하고 그녀를 대마도에서 내쫓아 버렸어. 고니시 가문과의 관계를 끊었다는 정치적인 제스처를 취한 거야. 약삭빠른 행동 덕분에 소씨는 자신의 지위를 유지할 수 있었어.

아내까지 버린 비정한 소 요시토시. 그런데 도쿠가와 이에야스는 왜 그를 살려 두었을까? 바로 조선과의 관계 회복에 소씨가 필요했기 때문이야. 도쿠가와 이에야스는 정권 안정을 위해 조선을 적국으로 둘 수 없었던 반면 조선은 일본을 원수의 나라로 여겨 상종도 하지 않으니 둘 사이를 중개할 사람이 필요했어. 그 적임자가 바로 대마도주였던 거지. 도쿠가와 이에야스의 계획대로 소씨는 조선과 일본을 화해시킨 일등 공신이 되었어.

1607년 사명대사가 이끄는 사절단이 일본을 방문했을 때도 대마도는 조선과 일본 사이를 이어 주는 징검다리 역할을 했어. 도쿠가와 막부의 쇼군은 항상 대마도주를 통해 국서를 조선에 전달했지. 이때부터 대마도 주의 지위와 대마도의 위상이 크게 올라갔어.

1931년에는 대마도 역사상 가장 큰 일이 있었어. 대마도의 소씨 가문 과 조선 이씨 가의 혼인 소식이었지. 그 주인공은 소 다케유키와 고종의 딸 '덕혜옹주'였어.

▎덕혜옹주

망국에서 태어난 조선의 마지막 황녀

덕혜옹주는 고종이 환갑에 얻은 늦둥이 딸이야. 1912년, 주권을 잃은 나 라의 왕실에서 태어난 덕혜옹주의 운명은 순탄할 리 없었어. 고종은 나라 잃은 설움을 늦둥이 딸을 돌보는 것으로 달랬어. 60세의 할아버지가 딸 을 보았으니 얼마나 애지중지했을까. 고종은 법도를 어기면서까지 자신 의 처소 덕수궁 함녕전에서 딸을 재웠다고 해. 고종에겐 딸들이 많았지만 모두 한 해를 넘기지 못해 죽었고, 덕혜옹주가 외동딸이었으니 그럴 만도 하지.

옹주翁主는 공주公主와 달리 후궁에게서 난 딸을 가리켜. 덕혜옹주는 궁녀 출신인 양귀인의 소생이었어. 역사상 덕혜옹주만큼 조명을 받은 후 궁의 딸도 아마 없을 거야. 덕혜라는 호는 열 살 때 일본인 소학교에 입 학하면서 받았어. 이전까지는 복녕당 아씨로 불렸지. 복녕당은 어머니 양귀인의 호였어. 복녕당 아씨로 불리던 덕혜옹주의 유년 시절은 행복한

덕혜옹주와 아버지 고종 황제가 함께 찍은 사진.
딸의 손을 꼭 잡고 있는 아버지의 정이 느껴지는
사진이다. 오른쪽은 순종이다.

덕혜옹주가 일본으로 유학을 떠나기 직전에 찍은
사진. 한복 대신 기모노를 입은 그녀의 모습에서
애처로움이 묻어난다.

편이었어. 궁궐 밖은 망국의 세기말 분위기가 만연했지만. 하지만 고종이
세상을 떠나면서 그녀 앞에는 항상 비운悲運이라는 수식어가 따라붙었어.

1925년 열네 살의 덕혜옹주는 일본으로 강제 출국을 당했어. 황족은
일본에서 교육을 받아야 한다는 이유에서였지. 그런데 일본의 의도는
딴 데 있었어.

1919년 고종이 세상을 떠나자 3·1운동으로 그 울분이 터져 나왔어.
일본은 통치 방식까지 바꿔 가며 식민지 안정화에 총력
을 기울였지. 당시 황실은 무력할 대로 무력해져 있었지
만 식민지 조선인의 마음속엔 여전히 조선을 대표하는 상
징이었어. 일본은 이 부분을 간과하지 않았어. 행여 남아
있는 황실 가족이 독립운동의 구심점이 되거나 민족 감정

고종의 자녀
고종에게는 장성할 때까지 살아
남은 3남 1녀가 있었는데, 명성
황후에게서 난 순종, 귀비 엄씨
에게서 난 영친왕, 장씨에게서
난 의친왕, 상궁 출신의 귀인 양
씨에게서 난 덕혜옹주였음.

에 호소하지 못하도록 조치를 취하기 시작했지.

무엇보다 일본 황족과의 정략결혼은 조선 황실의 정통성을 훼손시키기엔 그만이었어. 고종의 아들이자 황태자였던 영친왕 이은은 1916년부터 일본에서 살았어. 순종이 자녀가 없었기 때문에 동생인 영친왕이 황태자가 된 거야. 대한제국이 망하지 않았다면 아마도 고종, 순종, 영친왕 순으로 왕조가 이어졌겠지. 마지막 황태자였던 영친왕은 일본 황족인 마사코(한국이름 이방자)와 정략결혼을 했어. 이 둘의 결혼은 곧 500년을 넘게 이어 온 조선 왕조의 소멸을 의미했어. 1920년 5월 8일자 〈독립신문〉에는 '이은이 원수의 여자를 취함'이라는 제목의 기사가 나와. 기사 곳곳에서 분노와 격양된 감정을 쉽게 찾아볼 수 있지.

> **대한제국**
> 26대 왕 고종이 세운 나라로 조선 왕조의 마지막 13년(1897~1910)간 사용된 국명.

영친왕이 결혼하자 상대적으로 덕혜옹주에 대한 관심도 커졌어. 덕혜옹주는 왕실의 마스코트이자 순수한 혈통을 이어받은 황녀로 각인되기 시작했어. 어쩌면 일본은 날로 치솟는 덕혜옹주의 인기에 정치적인 부담을 느껴 강제 출국을 결정했을지도 몰라. 실제 이것을 뒷받침하는 증거가 하나 있어. 일본에서 우울한 나날을 보내던 덕혜옹주는 1926년 순종이 위독하다는 소식에 귀국했어. 덕혜옹주는 순종을 간호했지만 결국 조선의 마지막 왕은 세상을 떠나고 말았지. 일본은 순종의 장례식을 치르기 전에 덕혜옹주를 다시 일본으로 보냈어. 덕혜옹주가 구심점이 되어 제2의 3·1운동이 터질까 우려했기 때문이야.

덕혜옹주는 어머니인 양귀인의 죽음까지 겪으면서 정신분열 증상을 보였어. 어린 덕혜옹주의 운명은 가혹하리만큼 버거웠던 거지. 이러한 가운데 일본은 조선 왕조의 마지막 흔적을 지우기 위한 수순을 밟았어. 바로

대마도주 소 다케유키 백작과 덕혜옹
주와의 정략결혼을 추진한 거야. 1931
년 결혼식이 거행되었고 일본의 의도대
로 조선은 덕혜옹주를 잊기 시작했어.
〈조선일보〉는 결혼식 사진에서 소씨의
사진을 지워 버렸어. 마치 영친왕과 마
사코의 결혼 기사가 오버랩 되는 듯해.

영친왕과 덕혜옹주는 일본의 의도대
로 정략결혼의 희생양이 되어 조선 왕
실 계보에 마침표를 찍었어. 중국 역사
에도 정략적인 이유로 이민족 군주에
게 시집간 '화번공주'가 있어.

남편 소 다케유키의 사진이 지워진 덕혜옹
주의 결혼식 사진.

화번공주 和蕃公主
여인과 평화를 맞바꾼 제도

화번공주란 중국에서 정략적인 이유로 이민족의 왕에게 시집 보낸 황제
나 황족의 딸을 말해. 화번공주는 한나라와 당나라 시대에 빈번하게 파
견됐어. 한나라 시대에 흉노에게 시집을 갔던 왕소군과 당나라 시대에 토
번의 송찬간포에게 시집간 문성공주 등이 유명해.
　예로부터 한족은 이민족과 끊임없이 갈등을 겪었어. 한족 통치자들은
정벌이라는 거친 방법을 동원하기도 했지만 적극적으로 화친을 추진하

기도 했지. 화친은 주로 한족이 이민족보다 군사적인 열세에 놓인 경우 선택한 정책이었고 화번공주 파견은 그 부산물이었어. 이로써 이민족의 적대 행위는 방지할 수 있었지.

한나라를 세운 고조 유방은 거침없이 성장하는 북방의 흉노를 치러 나갔다 겨우 살아 돌아왔어. 유방은 흉노의 묵돌선우와 화친할 수밖에 없었고 그들의 요구를 들어주어야만 했지. 당시 화친은 세력 면에서 불리한 한나라가 선택한 일종의 양보 정책이라고 볼 수 있어. 유방은 황족의 딸을 공주로 삼아 묵돌선우에게 보내 왕비가 되게 했어. 형식적으로 보면 흉노는 한나라의 사위 나라가 된 셈이었지. 흉노에서는 왕을 선우라고 불렀는데 화번공주가 낳은 아들이 만약 선우의 자리에 오른다면 한나라 편에서 이보다 더 좋을 수는 없었어. 이와 같이 혈연관계를 이용하여 외교적·군사적 문제를 해결하려는 환상에서 화번공주가 등장한 거야. 화번공주는 두 민족 간의 통혼을 이용하여 정치적 목적에 도달하려는 일종의 수단이었던 거지.

그런데 화번공주가 흉노와의 화친정책에 희생된 비극의 여주인공이라는 인식을 깬 인물이 있어. 바로 왕소군이야. 그녀는 공주가 아닌 후궁 신분으로 화번공주가 되었어. 『후한서』에는 한나라 원제의 후궁으로 가난했던 왕소군이 자청하여 흉노에 시집을 갔다고 나와 있어.

『서경잡기』에 의하면 왕소군은 중국의 사대 미녀 중 한 사람이었지만 황제의 총애를 받지 못했어. 당시 후궁들은 화공에게 뇌물을 주고 아름다운 초상화를 그려 황제의 사랑을 구했어. 하지만 왕소군은 검은 돈을 주지 않은 탓에 추녀로 그려졌는데, 뒤늦게 원제가 그녀의 미모에 감탄하고는 초상화를 사실과 다르게 그린 화공을 죽였다는 이야기가 전해져.

사실 후궁으로 궁궐에 들어가는 것은 세상과의 생이별이었고 황제의 부름마저 없다면 개인적으로 비참한 일이었어. 왕소군은 비참한 후궁의 운명과 궁궐 안에 감금된 인생에서 벗어나기 위해 모든 것을 감내하고 흉노의 왕비가 되기를 희망했을지도 몰라. 이런 측면에서 왕소군이 화번공주를 희망한 것은 자의 반 타의 반이었다고 볼 수 있지.

자의였든 타의였든 고국을 등지고 타국으로 향하는 여인의 심정은 쓸쓸하기만 했어. '봄이 와도 봄 같지 않구나'라는 뜻의 춘래불사춘春來不似春은 왕소군이 흉노 땅에 도착해 지은 시로 전해지고 있어. 이후 그녀는 선우와의 사이에서 아들을 하나 얻었지만 3년 만에 과부가 되고 말았어. 흉노의 풍속에 따라 왕소군은 선우의 본처에게서 태어난 아들과 혼인해야 하는 비극적인 운명에 처해졌지. 한나라에서도 흉노의 풍속을 따르라는 명령이 내려졌어. 결국 왕소군은 한나라와 흉노 간의 우호를 위해 아들뻘 되는 선우와 혼인해 그 사이에서 두 딸을 더 낳았어.

왕소군 못지않게 유명한 당나라의 문성공주는 토번의 송찬간포에게 시집을 갔어. 당나라에서는 티베트를 토번이라고 불렀고 간포는 왕을 뜻해. 당나라 태종은 고구려와의 무력 충돌을 앞두고 당나라 서남 지역을 안정시키기 위해 토번과의 화친을 결정했어. 그러고 나서 태종은 양녀로 들인 문성공주를 토번에 시집 보냈지. 문성공주는 풍속이 다른 토번으로 가는 것에 크게 실망했지만 나라를 위해 황제의 명령에 복종했어. 자신이 토번으로 가는 것이 단순히 개인적인 일이 아니란 것을 받아들인 거야. 문성공주 역시 왕소군과 같이 자신의 심정을 시로 지어 읊었어. 황허를 바라보며 천하의 강물은 동쪽으로 흘러가건만 자신만 홀로 서쪽으로 간다며 탄식했다고 하지.

토번의 여주인이 된 문성공주는 자신을 따라온 수행원들과 함께 한족의 문명과 문화를 토번에 전수했어. 천막이 집이던 토번에 건축 기술을 전수해 궁전을 만들고 농사 기술자들을 동원해 식량 문제도 해결해 주었어.

| 문성공주가 토번에 불교를 전하는 모습.

또 비단 짜는 기술을 부녀자들에게 전수해 무더운 여름에 입던 가죽과 털로 만든 옷차림에서 벗어나게 해 주었어. 문성공주는 다양한 기술을 전파했을 뿐만 아니라 토번의 실질적인 발전을 위해 열정을 다했어. 그녀의 노력과 당나라의 의도가 합쳐져 토번은 침략적인 유목국가에서 농경국가로 탈바꿈해 갔어. 지금도 티베트의 창족은 자신들의 역사에 큰 족적을 남긴 문성공주를 '영원한 국모'로 기리고 있어.

티베트의 창족은 중국 은나라의 갑골문에도 등장하는데 당시에는 강족光族이라고 불렸어. 갑골문에는 전쟁을 통해 얻은 강족 포로들을 '환관'으로 삼았다는 내용이 기록돼 있지. 중국의 고대 왕조는 황제의 허드렛일을 담당하고 수많은 후궁들을 관리하기 위해 환관 제도를 만들었어. 초기의 환관은 강족의 경우처럼 대부분 전쟁 포로들이었지.

환관宦官
성城에 살기 위해 성性을 포기한 남자

환관이란 궁궐의 일을 맡은 관리를 말해. 궁궐 안에는 왕뿐만 아니라 왕비와 후궁들이 함께 생활하지. 그들을 돌보는 데 궁녀만으로는 한계가 있었어. 힘을 필요로 하는 노동이나 왕과 궁녀들을 호위하는 일에는 반드시 남자가 필요했지. 하지만 남자가 입궁하면 불미스러운 일들이 생길 가능성이 있었기 때문에 남자들은 궁궐에 들어올 수 없었어. 이러한 이유로, 거세한 환관은 궁중의 대소사에 가장 이상적인 사람으로 선택되었어. 환관의 가장 큰 임무는 왕과 왕의 여자들을 지키는 것이었지.

우리나라에도 통일신라시대부터 환관이 존재했어. 고려시대까지 환관은 왕의 심부름이나 허드렛일을 하는 하찮은 존재였지. 많은 사람들이 환관과 내시內侍를 같은 직임으로 생각하는데 원래 이 둘은 고려 전기까지 하는 일이 완전히 달랐어. 고려 전기까지 내시들은 왕의 비서격인 엘리트 관료들이었어. 그러니 환관은 내시가 될 수 없었지.

고려 후기에 와서 원나라가 고려의 내정을 간섭하자 고려의 왕들은 허수아비 노릇을 해야 했어. 이에 원나라에 다녀온 환관들이 권력의 공백을 메우면서 득세하기 시작했지. 환관 세력의 지위가 높아지자 공민왕 때 내시부가 만들어졌고 그 안은 환관들로 채워졌어. 이제 환관들은 왕의 측근이 되어 정치에 개입하면서 마음대로 권세를 휘두르기 시작했어.

조선은 고려와 같은 환관제도의 폐단을 없애기 위해 환관을 내시부 소속으로 그대로 두되 본연의 임무인 궁궐 잡무만 맡아 보도록 엄격히 관리했어. 이렇게 해서 환관이 곧 내시라는 공식이 만들어진 거야.

조선이 세워지자 유학자들은 내시 제도를 없애야 한다고 주장했어. 유교 이념인 효 사상에서 보면 자신의 몸을 상하게 한 내시들은 큰 불효를 저지른 것이니까. 하지만 왕실의 필요가 신하들의 요구를 앞질러 내시 제도는 유지되었어. 유학자 관료들은 하루 종일 왕과 왕비, 궁녀들의 곁을 지키는 내시들이 득세할까 봐 늘 견제했지.

조선시대 내시들은 가정을 꾸릴 수 있었고 양자도 들일 수 있었어. 양자는 대부분 어릴 때 사고로 남성의 기능을 상실한 아이들이 대부분이었지. 이렇게 함으로써 조선 왕조는 자연적으로 내시를 확보할 수 있었어.

양자를 들여 대를 이을 수 있게 된 내시들은 자신들의 정체성을 확립하기 위해 족보도 제작했어. 「양세계보」에는 내시 자손 777명이 실렸는데, 성姓은 제각각이야. 양자인데도 본래 성을 사용하도록 했기 때문이지.

궁형宮刑
남자를 환관, 즉 고자로 만드는 형벌로 자칫하면 죽을 수 있는 극형의 하나.

중국에서 환관은 죄를 지어 궁형을 당하거나 자신의 의지에 따라 거세한 경우가 대부분이었어. 특히 한나라 때는 궁형으로 환관이 되는 경우가 많았어.『사기』의 저자 사마천도 무제가 내린 궁형으로 역사상 가장 유명한 환관이 되었지.

춘추전국시대 이후로 환관의 권한이 막강해졌는데 진나라 시황제의 환관 조고는 후계자를 바꿀 정도로 위세가 대단했어. 이후로 많은 사람들, 특히 가난한 사람들이 생계를 해결하기 위해 환관이 되고 싶어 했어. 몸을 상하게 해서라도 배고픔을 해결하고자 한 걸 보면 가난이 그만큼 무서웠던 거지.

환관의 수가 가장 많았던 때는 명나라 시대야. 그야말로 환관은 명나라시대 최고의 유망 직업으로 전성시대를 누렸다고 할 수 있지. '출세하려면 환관이 되라'는 말은 명나라 시대를 읽는 하나의 코드라고 볼 수 있어. 명나라 말기에는 환관이 넘쳐 나 10만 명에 이르렀다고 해. 환관 3천 명을 모집하는 데 지원자가 2만 명을 넘긴 적도 있어. 이에 명나라 효종은 불효죄를 적용해 스스로 거세하는 자에 대해 엄중한 형벌을 내리기까지 했지. 궁내의 환관들도 포화 상태에 이르러 궁녀보다 열 배나 많았어. 그러다 보니 스타급 환관도 출현했어. 영락제 때 환관 정화가 원정의 총사령관이 된 것은 환관의 위상이 얼마나 높았는지를 잘 보여 주고 있어.

명나라 시대 환관의 교육은 맨투맨man to man 방식이었어. 처음 환관이 입궁하면 사부 환관을 만나 그를 수양아버지로 받들기도 했는데, 자연

사마천이 궁형을 당하기 전(좌)과 후(우)의 모습. 궁형을 당하고나서는 수염이 없어지고 중성적인 모습으로 바뀌었다.

스레 양자가 된 환관은 매일 사부의 시중을 들며 가르침을 받았어. 조선시대 환관은 학식이 높았던 반면 명나라의 환관들은 소수를 제외하곤 글을 가르치지 않았어. 환관들이 나랏일에 관여할까 염려했기 때문이지.

조선시대에는 환관을 벼슬아치라고 생각해서 삼경三經:『시경』, 『서경』, 『역경』을 제외한 사서四書:『논어』, 『맹자』, 『대학』, 『중용』와 삼강행실도三綱行實圖를 가르쳤어. 이를 바탕으로 환관은 승진 시험을 치르기도 했지.

우리나라나 중국의 환관은 군주가 하는 일에 무조건 복종했어. 그 때문에 환관들은 군주의 성향에 따라 업적을 남기기도 했고 부정부패를 일삼기도 했지. 환관은 군주의 그림자였던 셈이야. 때로는 그림자가 주인을 이끄는 비정상적인 경우도 있었어. 군주가 정치적인 대결에서 환관의 도움을 받아 승리했다거나 군주가 어리거나 무능하면 환관들이 제도권 정치에 뛰어들어 기세등등했던 사례가 많지. 게다가 권력이 하늘을 찌를 듯했던 환관들은 자신을 제어하려는 군주를 살해하기도 했어.

그래도 송나라 시대의 환관은 비교적 본연의 임무에 충실했어. 송 태조가 문치주의를 내세워 문인 관료층이 크게 성장했기 때문이지. 또 환관이 정사政事에 관여하는 것을 방지하는 엄격한 제도적 장치도 있었어. 나라를 어지럽힌 환관이 있기는 했지만 환관의 힘이 재상보다 강한 적은 없었어. 송나라는 과거에 합격한 관료와 과거를 준비했던 계층, 즉 '사대부'의 나라였어.

▍ 사대부 士大夫
과거제도가 낳은 공부벌레들로 '행복은 성적순'이라는 말의 원조

사대부란 과거를 통해 중앙에 진출한 관료를 가리킴과 동시에 유교적 지식을 지닌 교양인을 포괄하는 용어야. 즉, 글 읽는 선비를 사士라 하고 벼슬살이하는 관료를 대부大夫라고 불렀지. 사대부는 고려 광종 때 과거제로 태동하였으며 고려 후기부터 성장해 조선시대에는 정치를 주도하는 계층이 되었어. 조선시대에는 일반적으로 사대부를 양반이라고 일컬었어.

'양반은 죽어도 문자 쓴다'는 속담이 있어. 어려운 문자나 한문을 쓰는 양반을 비꼬는 말이지. 비록 속담이지만 독서를 업으로 하는 양반의 특징이 잘 드러나 있어. 양반은 유교 경전을 공부해 과거 시험에 합격해야 관료로 진출할 수 있었거든. 신라는 골품제를 시행해 잘났건 못났건 태어난 신분대로 살아야 했어. 반면에 조선은 과거 시험을 통해 능력 있는 사람을 관료로 발탁했지. 조선 사회도 신라와 같이 신분제는 있었지만 관직까지 세습하진 않았어. 신라에 비해 조선은 능력 있는 사람을 쓰려는 개방적인 사회였어.

사대부는 문신과 무신을 모두 포함하는 개념이지만 무신보다 문신을 우대하는 중문경무重文輕武의 전통이 꾸준히 이어져 왔어. 고려시대와 조선시대에 최고 군사 지휘권은 대개 문신들의 차지였어. 조선 세종 때 여진족을 막아 내고 6진을 설치한 김종서를 알고 있지? 그는 문신일까, 무신일까? 김종서 장군은 문신이야. 고려 현종 때 거

단원 김홍도의 평생도. 과거시험에서 장원급제한 사람이 어사화를 꽂고 당당하게 행진하고 있다.

란의 침입을 막아 낸 강감찬 장군도 문신이지. 무관보다 문관을 우대한 사실은 승진할 수 있는 상한선을 보아도 알 수 있어. 고려시대 무신의 최고 자리는 정3품 상장군이었어. 국방 문제를 의논하던 도병마사라는 최고 회의에는 2품 이상의 문신들이 참석했어. 무신들은 참석할 수 없었지. 이렇게 무신은 문신보다 정치적으로 낮은 지위에 머물렀어. 조선시대에도 무신은 정3품 통정대부까지가 상한선이었지만 정2품까지도 승진한 사례가 있어.

정2품까지 승진한 무신으로는 임진왜란 당시 전라좌수사로 활약한 이순신이 있어. 명량대첩에서 12척의 배로 133척을 거느린 왜군에 맞서 승리한 주인공이지. 하지만 명량대첩의 승리 뒤에는 또 다른 주인공들이 있었어. 애초 사대부들은 조선 수군의 패배를 예감하고 피란을 가려 했어. 그런데 이순신의 참모인 오익창의 설득으로 든든한 후원자로 바뀌었지. 그들은 전함 12척의 뒤쪽에 1,000여 척의 배를 세워 두고 소리를 질

러 군사들을 응원했어. 식량이 떨어지면 쌀가마를 거둬 주기도 했어. 재미있는 사실은 사대부들이 솜이불 100여 개를 거둬 주었다는 거야. 솜이불의 용도는 군졸들의 추위를 막기 위함이 아니었어. 솜이불을 물에 적셔 전함에 걸어 두면 일본군의 총탄을 막는 방탄 조끼 같은 역할을 했지. 이렇게 사대부들은 개인의 이익보다 가문과 나라를 위한 봉사를 중요하게 생각했어.

반대로 사대부들이 나라를 망친 경우도 있어. 교과서에는 이 부분을 붕당정치의 변질이란 주제로 다루고 있지. 붕당朋黨이란 학문적인 입장과 정치적인 입장을 같이하는 양반들의 정치집단이야. 벗을 뜻하는 한자 붕朋은 같은 스승 밑에서 배운 친구를 뜻하는데 동시에 그 친구는 고향 친구이기도 했지. 이렇게 붕당은 학연學緣과 지연地緣으로 똘똘 뭉친 정치집단이야. 조선 중기 이후의 정치는 붕당으로 운영되었다고 볼 수 있어. 붕당정치 초기에는 서로의 존재를 인정하고 상대 당의 비판을 수용하면서 비교적 건전한 정치 풍토가 만들어졌어. 하지만 조선 후기로 가면서 상대를 인정하지 않고 자기 당의 이익만을 추구하면서 다툼이 끊이질 않았어.

노론老論과 소론少論
서인에서 갈라져 나온 정파로 말 그대로 노론에는 원로급 서인들이 많았던 반면 소론에는 젊은 층이 많았음. 노론은 병약한 경종이 아들이 없자 동생인 연잉군(영조)을 지지했는데 이를 소론이 반역으로 몰아 노론을 대거 숙청함. 영조가 즉위한 뒤 소론을 반격했는데 이후로 노론이 우위를 유지함.

그중에서도 노론과 소론의 싸움은 먹살잡이까지 불사하는 지경까지 갔어. 오늘날 정치판에서도 간혹 볼 수 있는 장면이지. 정치적 싸움이 치열해지면서 사소한 것에서도 부딪쳤어. 복식 하나에서도 붕당 간의 배타성이 드러났어. 여자의 치마나 저고리 차림새만 봐도 이느 붕당 사람인지 알 수 있을 정도였지. 노론은 왼쪽으로, 소론은 오른쪽으로 치마를 여미었어. 치마를 여민 방향에 따라 정치색이 드러난 셈이지. 편을 나누어 만날 싸우니 조선의 정치는 활기를 잃어 갔어.

붕당정치는 견제를 통해 어느 한 당이 정치를 독점함으로 생길 수 있는 폐단을 최소화하고 왕도 견제할 수 있다는 순기능도 있었어. 하지만 시간이 흐를수록 백성을 위한 정치보다는 자기 당의 권력을 유지하는 데 급급했고 심지어 상대 당 사람들을 죽이기까지 했어.

지금도 '이 양반, 저 양반'이라는 말을 써. 양반이 되고픈 한양의 장사꾼들이 상대를 부를 때 쓰기 시작해서 일반 백성들까지 사용하게 되었지. 이 말에는 양반도 별것 아니라는 부정적인 의미도 포함되어 있어. 사대부의 빛과 그림자가 이 한마디 말에 녹아들어 있다고 볼 수 있지.

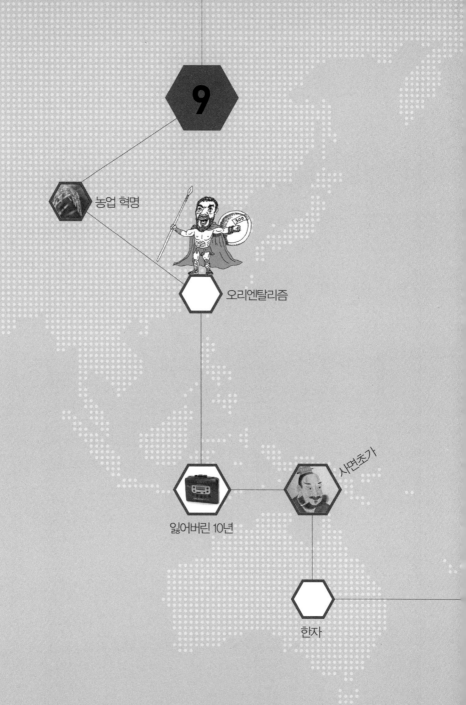

9

농업 혁명

오리엔탈리즘

잃어버린 10년

시면초가

한자

농업 혁명

짐승을 가축으로, 식물을 작물로 바꾼 혁명

농업 혁명은 인류가 사냥과 채집 생활에서 농경과 목축 생활로 탈바꿈한 획기적인 사건을 말해. 교과서에서는 보통 신석기 혁명이라고 하지. 사람이 수렵과 채집을 하면서 자연을 '소비'하던 주체에서 곡식을 재배하고 가축을 기르는 '생산'의 주체로 바뀐 것이니 혁명이라고 할 만하지. 먹을 것을 따라 이동 생활을 해야 했던 인류는 농사를 짓기 시작하면서 정착 생활을 할 수 있게 되었어.

그런데 고고학자들은 수렵과 채집 생활을 하던 인류가 농경 생활을 했던 인류에 비해 체격이 더 건장했다는 흥미로운 연구 결과를 내놓았어. 고고학자들은 농사가 그만큼 고된 일이었음을 뒷받침하는 증거라고 말해. 놀라운 속도로 자라는 잡초들을 뽑고 수많은 해충과 싸우고 때에 따라 물을 줘야 하니 에너지 소모가 이만저만이 아니었다는 거야.

농경 생활이 발달하면서 곡물의 생산량이 점점 많아졌고, 이로 인해 잉여생산물이 생기기 시작했어. 잉여생산물을 얼마나 가지고 있느냐에 따라 빈부가 결정되었지. 그러자 더 많은 생산물을 얻기 위해 너도나도 농경지를 확장했어. 그때부터 토양과 삼림이 파괴되기 시작한 거야.

잉여생산물이 만들어 낸 빈부 격차는 결국 전쟁의 원인이 되었어. 가진 자와 가지지 못한 자들 간의 충돌뿐만 아니라 더 많이 가지려는 자들과 자신의 것을 지키려는 자들 간의 싸움이었어. 싸움에서 진 사람들은 이긴 사람들의 지배 아래 놓였고 이렇게 지배 계급과 피지배 계급이 발생한 거야.

지배 계층은 자신들의 기득권을 지키기 위한 법률의 초석도 만들었어. 그들은 자신들의 권력만큼이나 거대한 크기의 무덤을 만들고 그 안에 자신들이 아끼고 사용했던 물건들을 함께 묻도록 했어. 이승을 떠나서조차 지배 계급의 자리를 누리려고 한 거야.

농업 혁명이 시작된 초기에는 빗물이 수자원의 전부였어. 하늘에서 때에 따라 비를 뿌려 주기를 기다렸고, 가물 때는 기우제를 지내며 간절히 비를 바라야 했지. 하지만 농업이 발달하면서 더 이상 하늘에만 의존할 수 없었던 인류는 스스로 물을 다스리기로 해. 물을 가두었다가 사용할 수 있는 관개 시설을 만들기 시작한 거야.

이러한 대규모 관개 시설을 건설하고 유지하고 또 보수하는 과정에서도 자연스레 우두머리가 생겨났어. 농경 사회의 우두머리는 무엇보다 물을 잘 다스리는 능력을 갖춰야 했어. 중국의 우임금은 순임금 시절 오랫동안 골칫거리였던 황허 강의 범람 문제를 해결한 것을 인정받아 왕좌에 오르기까지 했잖아.

사회·경제학자 카를 비트포겔Karl August Wittfogel은 국가의 치수 관개 사업이 '동양식 폭정'이란 말을 낳았다고 했어. 일찍이 중국은 농업국가로 발전하는 과정에서 거대한 관개 시설이 필요했어. 이를 국가가 맡아서 주관하면서 절대적인 권력이 만들어졌단 말이지. 중국 삼국시대의 조조도 통치 권력을 강화하기 위해 운하를 9개나 건설했어.

하지만 이런 사례는 동양뿐만 아니라 서양 역사에도 등장해. 이렇게 동양의 정치를 폭력적이고 독재적인 것으로 일반화한 것은 전형적인 '오리엔탈리즘'이라고 할 수 있어.

▌오리엔탈리즘 Orientalism
백인 앞에선 작아지고 동남아인 앞에선 커지는, 학습된 인종주의

한동안 유럽 사회에서는 동양 문화와 예술이 주목을 받으면서 유행처럼 번져 나갔어. 터키의 양탄자, 중국의 도자기 등 서양에 잘 알려지지 않았던 동양의 물건들이 전해지면서 동양에 대한 신비와 호기심을 고취시켰지. 유럽 문화에 나타난 농양 문화와 예술에 대한 이러한 취미를 가리키는 말로 오리엔탈리즘이 등장했어.

하지만 산업혁명 이후 강대해진 유럽은 동양을 다른 눈으로 보기 시작했어. 값싼 노동력과 원자재가 넘쳐 나는 동양은 미지의 세계나 동경의 대상이 아니라 정복하고 착취해야 할 먹잇감이었지. 유럽 제국주의 열강

들은 경쟁적으로 식민지를 확장해 나갔어. 그들은 제국주의 정복 전쟁을 정당화하기 위해 동양과 서양은 본질적으로 다르다는 주장을 펼쳤지. 이러한 이분법적인 편견은 동양은 후진적이고 야만적이어서 선진적이고 문명화 된 서양이 다스려야 한다는 당위성에 힘을 실어 주었어.

미국의 비교 문학자이자 문학이론가인 에드워드 사이드Edward W. Said 는 1978년, 자신의 책『오리엔탈리즘』에서 서양이 만들어 낸 동양에 대한 왜곡과 편견들을 이야기했어. 이것을 계기로 오리엔탈리즘은 단순히 유럽 문화에 나타난 동양적인 취미가 아니라 서양이 만들어 낸 동양에 대한 총제적인 이미지로 폭넓게 사용되기 시작했지.

오리엔탈리즘은 동양에 대한 대표 수식어로 폭력적인, 비과학적인, 비합리적인, 여성적인 등의 의미를 담고 있어. 상대적으로 서양은 평화적인, 과학적인, 합리적인, 남성적인 등의 이미지를 떠올리게 하지. 한마디로 오리엔탈리즘은 동양의 열등함을 통해 서양의 우월함을 나타내기 위해 만들어진, 철저히 서구 중심적 관점인 거야.

오리엔탈리즘은 문화와 역사 전반을 통해 자연스레 전파되고 강화되었어. 영화 〈300〉에도 오리엔탈리즘이 녹아 있어. 이 영화는 페르시아의 침략에 대항한 스파르타 용사들의 영웅담이야. 근육질의 스파르타 용사들은 수적인 열세에도 불구하고 기괴한 가면을 쓰고 돌진하는 페르시아 군대를 여러 번 막아 내지. 그런데 이 영화는 스파르타를 서양을 대표하는 이미지로, 페르시아는 동양을 대표하는 이미지로 그리고 있어. 스파르타는 매우 민주적이고 평화를 수호하는 이미지로, 페르시아는 폭력적이거나 야만적인 이미지로 두 나라 군대를 극명하게 대비시키지. 문명 대 야만, 선 대 악, 선진 대 후진이라는 오리엔탈리즘에 대한 편견이 영화 전반에 깔려 있는 거야.

제국주의 시대에는 사진이나 일러스트가 동양의 야만성을 폭로하고 홍보하는 중요한 수단이었어. 아편전쟁 이후, 중국에 주둔했던 영국군이 찍은 사진 한 장이 유럽에서 엄청나 파장을 일으킨 일이 있어. 그 사진은 중국인이 능지처참형을 집행하는 장면을 담고 있었어. 능지처참형은 사람을 여러 조각으로 찢어 죽이는 극형으로 반역이나 모반을 저지른 범죄자에게 내려지는 벌이야. 사진 속 죄수는 머리채가 삼각대에 묶인 채 몸이 발기발기 찢겨져 있었어.

이 사진이 유포되면서 중국은 폭력적이고 야만적인 나라로 알려졌어. 이러한 인식은 중국을 선진화하고 문명화시키기 위해 서양이 동양을 지배해야 한다는 논리를 성립시켰어.

"셰익스피어는 인도와도 바꾸지 않는다"는 말이 있지? 영국 문학에 대한 영국인들의 자부심을 표현하는 말로 자주 사용되는데, 이 말에도 오리엔탈리즘이 둥지를 틀고 있어. 셰익스피어가 위대한 문학가인 것은 인정하지만 비교 대상으로 왜 인도를 선택했느냐는 거지. 이 말을 한 사람은 엘리자베스 1세야. 스페인의 무적함대를 격파하고 본격적인 식민지 시대를 연 영국의 여왕이지. 당시 영국은 동인도회사를 세우고 인도와의 무역을 독점하기 시작했어. 영국을 강대국의 반열로 끌어 올린 여왕의 편에서 보면 언제나 총칼로 점령할 수 있는 인도 따위는 하찮아 보였을 거야. 사실 셰익스피어의 문학을 평가하려면 인도의 문학과 견주어야 하는데 그런 과정은 없었어. 셰익스피어는 세상에서 하나뿐인 가치 있는 존재지만 인도는 제2의, 제3의 인도가 얼마든지 있을 테니까. 그들의 눈에 셰익스피어는 문명화를 이룬 서양, 인도는 미개한 동양일 뿐이었어.

따지고 보자면 영국은 17세기까지 해적질을 했고, 범죄 단체나 다루는 아편을 국가적 차원에서 중국으로 팔기까지 한 나라잖아. 그럼에도 영국을 '신사의 나라'라고 먼저 떠올리게 되는 건 오리엔탈리즘의 영향이 아닐까?

오리엔탈리즘이 낳은 허상은 동양에도 영향력을 발휘했어. 즉 동양의 열등감을 인정하고 서양의 우월함을 추구하는 나라가 등장한 거야. 동양이면서 동양이기를 거부한 이 나라는 바로 일본. 일본은 메이지유신 이후 서양처럼 되고자 그야말로 발버둥을 쳤어.

1885년 후쿠자와 유키치는 일본이 문명국이 되기 위한 최우선 과제를 '아시아를 벗어나는 것', 즉 탈아脫亞로 삼았어. 그는 서양인들이 일본을 중국이나 한국과 같은 수준의 아시아 국가라고 여기는 것을 인정할 수 없었어. 일본은 이웃한 아시아 국가를 나쁜 친구나 걸림돌로 취급하면서 작은 유럽이 되고자 했어. 그런 그들의 모습은 '바나나'에 비유되기도 했지. 겉은 노랗지만 속은 흰 바나나처럼 황색 피부를 하고서 백인 행세를 했으니까.

어찌됐든 일본은 발 빠르게 서구화를 추진한 결과 오늘날 세계적인 경제 대국으로 성장했어. 그렇다고 일본 경제가 아무런 실패 없이 승승장구했다는 말은 아니야. 일본은 1990년대에 접어들어 심각한 경제 침체를 겪었어. 이 시간을 '잃어버린 10년'이라고 해.

잃어버린 10년
일본 중산층이 몰락한 시간

잃어버린 10년이란 1991년부터 2002년까지 일본의 극심한 경기 침체 기간을 일컫는 말이야. 이 시기 주식과 부동산 가격이 급락하면서 수많은 기업과 은행이 파산했고 중산층이 몰락했어. 그 여파로 일본은 10년 넘게 0퍼센트에 가까운 성장률을 기록했고, 국민 소득도 거의 제자리 상태였어. 일각에서는 일본의 경제 불황을 태평양전쟁 패전에 이은 제2의 패전으로 보기도 해. 최근 들어서도 일본의 경제 불황이 나아질 기미가 보이지 않자 '잃어버린 20년'이라는 말이 등장하기도 했지.

1980년대 일본은 세계에서 가장 잘사는 나라였어. 도쿄의 땅을 팔면 미국 전체를 살 수 있다는 말까지 있었으니까. 일본의 자동차와 전자 제품은 미국과 유럽에서 베스트셀러였어. 일본 제품은 값이 싸고 품질도 좋았어. 당연히 미국과 유럽의 소비자들은 일본 제품을 샀고 그 돈은 고스란히 일본으로 흘러들어 갔어. 일본은 마치 세계의 돈을 빨아들이는 진공청소기 같았어.

일본의 대표적인 전자제품업체 소니sony는 1980년대 일본의 호황을 대변해 주는 기업이야. 1980년대 소니의 명성과 유명세는 지금의 애플Apple사 그 이상이었다고 해도 지나치지 않아. 1970년대 말 소니는 카세트에 이동성을 부여한 워크맨Walkman을 출시했어. 워크맨은 MP3의 원조 정도로 보면 돼. 워크맨이라는 제품명은 일본식 엉터리 영어였지만 세계적인 대히트 상품으로 소니의 대표 브랜드가 되었지.

기존의 카세트는 부피가 크고 무거워서 가지고 다닐 수 없었어. 하지만 작고 가벼운 워크맨은 걸으면서도 음악을 들을 수 있었어. 당시 우리나라 일간지는 워크맨을 '주머니 속의 오디오'로 소개하며, 워크맨에 대한 젊은층의 폭발적인 인기가 세계로 번져 나가고 있다고 보도했어.

1980년대에 젊은층에게 폭발적인 인기를 끌었던 워크맨.

워크맨은 일본의 개척 정신과 우수한 기술을 상징했어. 그즈음 일본에서는 자유롭고 혁신적인 사고를 하는 젊은이를 가리키는 '소니 보이'라는 말이 등장하기도 했어. 수많은 나라들이 이러한 일본을 배우고 닮으려고 했지.

경제가 성장하자 일본의 직장인들은 종신 고용이라는 안정된 울타리 안에서 생활할 수 있게 되었어. 종신 고용은 정년이 보장된 고용 형태로, 평생직장이라는 개념을 낳았어. 이러한 평생직장이라는 개념은 애사심을 불러일으키는 한편 '창가족'이라는 말이 생겨날 만큼 부작용도 낳았어. 창가족은 실력을 쌓거나 기술을 배우지 않아도 정년이 보장되기 때문에 주도적으로 일하지 않고 사무실 구석 창가에서 한가하게 지내는 사원을 가리키는 말이야.

하지만 실상 일본의 속은 점점 곪고 있었어. 정경 유착이 관행처럼 굳어져 정치인과 재계 인사, 고급 관료 간에 공공연하게 뇌물이 오고 갔어. 기업과 은행에 현금이 넘치자, 기업은 자금을 주식과 부동산에 투자했고 은행은 대출을 부추겨 더 많은 투자를 유도했어. 당시 주식과 부동산 가격은 계속 올라 황금알을 낳는 거위나 마찬가지였지. 제품을 만들어 파는 것보다 주식과 부동산 투자로 많은 돈을 손쉽게 벌 수 있었어. 그러자 평범한 일본인들까지 빚을 내 주식과 부동산에 투자하기 시작했어. 하지만 이 모든 것이 거품이었어. 탄산음료를 컵에 가득 따라도 거품이 빠지면 실제 양이 얼마 되지 않잖아. 이와 똑같은 일이 벌어진 거야.

1980년대 초 미국은 자국의 산업이 심각한 타격을 받자 수차례 무역 균형을 맞추기 위한 조치를 요구했어. 즉, 미국에서 일본 제품이 팔리는 것과 같이 미국 제품도 일본에서 팔리도록 해 달라는 요구였지. 일본 수상은 국민들에게 미국 수입품을 사서 쓰라고 권고했지만 소용없는 일이었어. 질 좋고 값이 싼 우수한 일본 제품을 두고 굳이 수입품을 살 소비자는 없었거든. 미국 언론은 경제가 불황을 겪는 것은 일본 때문이라며 연일 일본 때리기에 열을 올렸어.

결국 미국은 일종의 무역 보복이라고 할 수 있는 플라자 합의를 이끌어 냈어. 이 합의로 엔고 현상이 발생해 엔화의 가치는 이전의 두 배까지 치솟았어. 100엔을 달러로 환전했을 때 1달러였다면, 플라자 합의 이후에는 엔화의 가치가 높아지면서 100엔을 환전하면 2달러가 된 거야. 얼핏 보면 엔고는 좋아 보였어. 일본 기업이 사들인 외국의 부동산 가치도 두 배로 뛰었으니까. 하지만 지나치게 비싸서 아무도 사려고 하지 않았어. 수요가 없으면 가격은 떨어지기 마련이지. 부동산 시장에 거품이 빠지자 투자자들은 빚더미에 앉았어.

수출에도 비상이 걸렸어. 일본 제품이 해외 시장에서 잘 팔렸던 이유 중 하나는 가격 경쟁력이었거든. 하지만 엔고로 제품 가격이 오르자 판매율이 뚝 떨어졌어. 일본 기업은 제품 가격을 내리려고 임금을 깎는 등 허리띠를 졸라 맸지만 상황은 크게 나아지지 않았어. 이는 주식 폭락으로 이어졌고 일본의 최대 증권사가 망하는 사태까지 벌어졌지. 수많은 투자자들이 엄청난 손해를 감당해야 했어. 빌려 준 돈을 회수할 수 없게 되자 문을 닫는 은행 지점들도 속출했어. 이렇게 일본 경제는 빙하기에 접어 들었어.

지금도 일본은 장기 침체의 늪에서 빠져나오지 못하고 있어. 게다가 2011년에 쓰나미와 후쿠시마 원전 사고까지 겹치면서 일본 경제는 '사면초가'에 놓이게 되었어.

플라자 합의
1985년 미국 뉴욕의 플라자 호텔에서 미국, 영국, 일본, 프랑스, 서독의 재무 장관과 중앙은행 총재들이 미국 달러화 강세를 완화하려는 목적으로 모여 발표한 환율에 관한 합의.

엔고 현상
엔화가 국제 기축통화인 미국의 달러화에 비해 가치가 높아지는 현상으로 수출입 가격에 영향을 주어 일본 대외수출이 저조해짐.

사면초가 四面楚歌

도망칠 곳이 하늘밖에 없어 기도할 수밖에 없는 상태

진나라는 춘추전국시대를 통일하고 화려하게 출발했어. 하지만 중국 역사상 최초의 대규모 농민 봉기로 기록된 '진승과 오광의 난'으로 진나라는 흔들리기 시작해. 평범한 농민이었던 진승과 오광이 봉기를 일으켰다는 소식이 전해지자 여기저기에서 가난한 농민들이 호미와 괭이를 들고 농민군에 가담했어. 또한 진나라에 나라를 빼앗겼던 춘추전국시대의 여러 나라들도 일제히 들고 일어났어. 그 가운데는 전국시대 때 막강한 힘을 자랑했던 초나라도 있었어. 귀족 출신인 항량은 초나라의 왕족을 왕으로 세우고 반란군의 지도자가 되었어. 그가 전사하고 후계자로 등장한 사람이 바로 항우項羽야.

항우는 조상 대대로 초나라의 장수를 지낸 명문 귀족 출신이었어. 『사기』에서는 항우를 역발산力拔山, 즉 힘으로 산을 뽑을 만큼 씩씩한 사람으로 묘사하고 있어. 그가 이끄는 군대를 같은 편의 다른 군대도 두려워할 정도였어. 항우가 진나라 군대를 상대로 승승장구하자 여러 제후들은 앞다투어 그의 휘하로 들어갔어. 항우의 카리스마는 대단해서 제후들은 그를 똑바로 쳐다보지 못하는 것은 물론이고, 심지어 항우 앞에서는 무릎으로 걸었다고 해.

하지만 진나라 수도 함양에 한발 앞서 입성한 것은 유계의 군대였어. 유계는 초나라에서 뚜렷한 직업 없이 건달 노릇을 하며 살던 사람이야. 그의 이름인 계季도 그의 출신이 별 볼 일 없었음을 나타내는데 그 뜻은 막내아들이야. 옆집 아저씨를 '김씨 아저씨'라고 부르는 것처럼 유계도

| 왼쪽부터 귀족 출신 항우와 건달 출신 유방.

'유씨 성을 가진 막내둥이'를 이르는 말이었어. 사실 이름이라고 볼 수도 없지. 그래서 유계는 후에 황제의 자리에 올랐을 때 이름을 유방劉邦으로 바꿔. 밑바닥 인생을 살던 유계는 진승과 오광이 난을 일으키자 농민군으로 활동하다가 초나라의 군사가 되었어. 오합지졸인 농민군을 거느린 이력이 전부인 유계는 초나라 정규군을 지휘한 항우의 적수가 될 수 없었어. 하지만 어느덧 유계는 항우를 견제할 정도의 세력으로 성장해 있었어.

함양을 점령한 유계는 약탈을 하지 않는 등의 회유책으로 함양의 민심을 얻었어. 항복한 진나라 군사 20만 명을 생매장한 항우와는 많이 달랐지. 또 유계는 진나라의 복잡하고 잔혹한 법 조항을 없애고 상징적으로 세 가지 조항만 남겼어. 물론 시간이 흐르면서 법 조항은 다시 늘어났어. 살인자는 사형, 상해를 입힌 자와 도둑질한 자는 죗값을 치른다는 내용이었어. 이것을 약법삼장約法三章이라고 해.

함양에서 유계가 보여 준 행동은 상관인 항우의 심기를 불편하게 만

들었어. 진나라 백성들도 유계가 왕이 되어 주기를 바랐으니 더더욱 못마
땅했겠지. 결국 항우와 유계 사이에 험악한 기류가 흐르기 시작했어.

항우의 전략가 범증은 유계를 제거하기 위해 꾀를 내었어. 함양 교외에
위치한 홍문에서 잔치를 벌여 유계를 살해하려 한 거야. 암살 명령을 받은
장수가 검무를 추다가 유계를 칼로 찌를 계획이었지. 하지만
이들의 계획을 눈치 챈 부하의 활약으로 유계는 무사히 호
랑이굴을 빠져나왔어. 이날의 사건을 홍문지회라고 해.

홍문지회|鴻門之會
중국 진나라 말기에 항우와 유
방이 함양 쟁탈을 둘러싸고 홍
문에서 만난 일로 '상대방을 죽
이기 위해 벌이는 연회'를 뜻하
기도 함. 중국 역사상 연회는 상
대의 속내를 알아보는 자리이기
도 했음.

홍문의 일은 항우에게 철저한 실패작이었어. 반면에 한
명의 희생도 없이 사지를 빠져나온 유계는 항우와의 격전
을 준비했어. 항우와 유계는 진나라를 멸망시키기 전까지
힘을 합쳤지만 이후에는 천하의 주인 자리를 놓고 팽팽히 맞섰어. 항우
의 초나라와 유계(유방)의 한나라가 양분돼 패권을 다퉜던 당시의 형국
을 가리켜 초한쟁패楚漢爭霸라고 했어. 만약 홍문지회에서 범증의 각본대
로 일이 진행되고 유계가 목숨을 잃었다면 없었을지도 모르는 상황이지.

양측은 밀고 밀리기를 반복했어. 그러다 세력 균형이 점점 유계 쪽으
로 기울었어. 홍문지회 이후 전략가 범증이 항우에게 실망하여 떠난 것
이 항우 측에 큰 타격을 줬어.

마침내 하이허海河해하 전투에서 항우는 사면초가에 직면했어. 사면초
가란 '사면에서 들려오는 초나라 노래'란 뜻이야. 유계가 이끈 군대가 항
우의 군대를 둘러싸고 노래를 부른 것에서 유래한 말로, 흔히 사방이 빈
틈없이 적에게 포위당하거나 주위에 적이 많아 고립된 상태를 말할 때
사용하지.

『사기』의 〈항우본기〉에 따르면 "한나라 군대가 사방에서 초나라의 노

| 패왕별희도. 항우 앞에서 우희가 자결하는 장면이 그려져 있다.

　래를 부르니" 항우가 크게 놀랐다고 해. 유계는 병사들에게 초나라 사투리로 반복해서 노래를 부르게 했어. 다름 아닌 심리전을 펼친 거야. 한나라 군사들의 노래를 들은 초나라 군대는 고향을 그리워하다가 그만 전의를 상실했다고 해. 그리고 결국 유계가 전쟁에서 승리했어.

　전쟁에서 진 항우는 사랑하는 부인 우희와도 영원한 작별을 고해야 했어. 우희는 항우가 탈출하는 데 자신이 걸림돌이 되어서는 안 된다며 자결했거든. 유명한 경극 '패왕별희'는 바로 초나라의 패왕 항우와 우희의 이별 이야기야.

　우희가 죽자 항우는 포위망을 뚫고 간신히 탈출에 성공했어. 항우는 초나라로 돌아가 재기하려 했지만 추격을 따돌리지 못하고 결국 자결하고 말았어. 항우의 죽음으로 유계는 천하를 얻고 한나라를 세웠어. 중국의 두 번째 통일 왕조 한漢나라는 중국을 대표하는 것들의 원형을 제공했어. '한자漢子'가 대표적이지.

한자 漢字

동아시아, 말은 달라도 글로 하나된 한자 공동체

한자는 한족漢族이 중국에서 만들어 오늘날까지 사용하고 있는 글이야. 중국뿐만 아니라 우리나라, 일본, 베트남 등 동아시아의 여러 나라가 한자 문화권을 형성하고 있어. 나라별로 문자가 없던 시절, 비록 말은 달라도 한자를 함께 사용했기 때문에 한자를 통해 대화를 나눌 수 있었어.

난해하고 복잡한 한자는 오랫동안 지배층이 독점한 문자였어. 바꿔 말하면 피지배층은 한자와는 거리가 먼 삶을 살았다는 거지. 마치 중세 유럽 성직자들이 라틴어로 쓰인 성경을 독점했던 것처럼 말이야. 우리나라에서도 사정은 마찬가지였어. 한글이 창제되기 전까지 평민은 문자와 상관없이 살았어. 남녀노소 누구나 사용하는 언어가 아닌 철저한 '계급 언어'가 바로 한자였어.

중국 전설에 따르면 황제의 사관인 창힐이 한자를 만들었어. 창힐은 눈이 네 개 달렸는데 두 개는 사물을 보고 나머지 두 개는 어둠 속에서도 모양과 형체가 없는 것들을 볼 수 있었어. 창힐이 살던 시대에는 귀신들이 활개를 쳤는데, 귀신들은 밤마다 나타나 사람의 마음과 생각 속에 두려움을 심었어. 하지만 귀신을 볼 수 있는 창힐은 두렵지 않았어. 그는 사람들을 위해 한자를 만들었어.

그런데 귀신을 쫓는 것과 한자가 무슨 상관일까? 창힐은 한자로 부적을 만들었어. 사람들의 생각과 마음을 장악하던 귀신들을 종이에 쓰인 한자에 가둔 거야. 중국의 귀신으로 유명한 강시 있지? 이 강시가 가장

왼쪽은 중국의 갑골문자, 오른쪽은 갑골문자를 형상화한 2008 베이징올림픽 경기종목을 나타내는 픽토그램이다.

무서워하는 게 부적이잖아. 이마에 부적을 붙이면 꼼짝달싹 못하지.

우리나라에도 제사를 지낼 때, 조상의 이름을 써서 지방이나 위패를 모시잖아. 조상의 영혼이라도 와 주기를 바라면서 후손들은 이 앞에서 절을 하지.

한자를 배울 때 일반적으로 천자문으로 시작해. 천자문을 지은 주흥사는 글을 잘 쓰는 이였는데 왕의 노여움을 사 죽게 되었어. 하지만 왕은 그의 재주를 아까워해서 과제를 내 주었지. "하룻밤 동안에 글자 천 자로 사언절구의 문장을 지으면 죽음을 면하게 해 주겠다"고 한 거야. 그래서 주흥사는 천지현황天地玄黃으로 시작되는 글을 짓기 시작했어. 그 덕에 죽음을 면하긴 했는데 다 만들고 보니 머리가 하얗게 세었대. 그래서 천자문을 백수문白首文이라고도 해. 사실 한자를 배우는 학생들도 머리가 희어질 판이야.

문학가 루쉰은 한자를 없애지 않으면 중국이 망할 거라고 했어. 중국인조차 모국어인 한자를 어려워해서 다섯 중

루쉰魯迅 노신
현대 중국 문학을 대표하는 『아Q정전』의 작가

넷이 문맹이었기 때문이야. 루쉰은 답답했던 거야. 중국을 근대화하기 위해선 백성들을 계몽해야 하는데 글을 읽을 수 없으니 답이 없었던 거지.

중국 공산당 편에서도 지배층의 언어로 굳어 버린 한자는 해결해야 할 과제였어. 농민이나 노동자도 읽을 수 있는 한자가 필요했어. 그래서 1964년 기존 한자의 필획과 부수를 대폭 줄인 '간자체'가 탄생했어. 예를 들어 貝조개 패의 간자체는 '贝', 學배울 학의 간자체는 '学'야. 간자체라고 해서 모든 한자를 변형한 것은 아니고 人이나 山 같이 간단한 한자는 그대로 유지했어. 중국 여행을 하면서 보게 되는 낯선 한자는 모두 간자체야. 오늘날도 한자는 그 생명력을 유지하기 위해 끊임없이 변화하고 있어.